青少版

古道西风：
一口气"走"完
丝绸之路

孙骁　王丹　著

团结出版社
UNITY PRESS

目录
Contents

第一章　西域往事

艰难开拓——张骞出塞辟丝路

天马徕兮从西极，

经万里兮归有德。

承灵威兮降外国，

涉流沙兮四夷服。

——刘彻《西极天马歌》

汉武帝刘彻，是西汉历史上一位很有作为的皇帝。据《汉书》记载，他出生时其母王夫人"梦日入其怀"（梦见太阳进入自己的怀中）——这被当时还是太子的汉景帝刘启视作一种"贵征"。刘彻出生后，自幼便聪颖过人，又勤奋好学，进退自如，因而深受其父喜爱。在刘彻6岁时，便被景帝封为太子，成为帝位的继承人，至公元前141年，随着汉景帝病逝于长安未央宫，年仅15岁的刘彻继位，成为西汉第七位皇帝。

汉武帝登基时，西汉建国已有60年，经过文帝、景帝时期的休养生息，国家渐渐从秦末以来的战争创伤中复苏。国家经济快速发展，军事力量日渐强大。相比汉初的衰败与贫弱，汉王朝已经逐渐发展成一个制度完善、政治统一的强盛国家，一幅盛世的画卷即将在汉武帝刘彻的手中展开。

图 1　汉武帝画像

　　先秦时期，位于中原地区的中央政权将华夏族群以外的其他族群称为"四夷"，具体包括古文中提到的"东夷""南蛮""西戎"和"北狄"。《礼记·王制》对此做了解释："东方曰夷，被发文身，有不火食者矣。南方曰蛮，雕题交趾，有不火食者矣。西方曰戎，被发衣皮，有不粒食者矣。北方曰狄，衣羽毛穴居，有不粒食者矣。"对于上文中提到的"东夷""南蛮""西戎"和"北狄"的区分标准首先是这些族群居住的方位，其次是他们的饮食、服饰、居住等不同的习惯。这些族群在文化上与中原地区的华夏族群有显著的区别。中原王朝将他们统称为"四夷"。

　　刘彻在诗中称"涉流沙兮四夷服"，可以窥见其高远的政治抱负。"德以柔中国，刑以威四夷"是历代中原王朝的至高政治理想之一，这一治边理念出自《左传》，后世也称之为"德被四夷"。这一理念的核心含义是指中原王朝要通过自身的威仪来使"四夷"臣服。汉初国力衰弱，匈奴屡次南下侵扰，汉高祖刘邦一度决定对匈奴进行武力讨伐。公元前200年，汉高祖亲自率军北伐，战事初期曾取得了局部胜利，高祖乘胜追击至平城，却不慎中了匈奴的诱兵之计，汉高祖和所率部众被围困在白登，与汉军助力断绝了联系，最终高祖用计侥幸脱险，这一事件被称作"白登之围"。由于此次北征匈奴的失败，西汉不得不选择放弃对匈奴的武力征讨，转而通过"和亲"的手段维护着和平。为了争取休养生息的时间，汉朝不断地将公主远嫁匈奴，并送去大量物资，长时期处于被动不利的政治局面之中。这一局面持续了数十年之久，至武帝时期，汉王朝国力日渐强盛，刘彻认为时机成熟，决心打破这种被动的局面，重新构筑与"四夷"的关系，即所谓"威服四夷"。想要实现这一理想，首先需要改变的就是与匈奴的政治关系，汉武帝计划的第一步，就是打通长安至西域的道路，联合西域诸国共同对抗匈奴，消除匈奴的武力威胁。正是由于这一计划的实施，最终使得一条举世瞩目的贯通欧亚大陆的贸易道路得以出现，这就是著名的"丝绸之路"。

> 骞身所至者大宛、大月氏、大夏、康居，
>
> 而传闻其旁大国五六，
>
> 具为天子言之。

——《史记·大宛列传》

汉武帝为打通前往西域的通道，发布了一道招募令，招募使者前往西域出使大月氏国。月氏原本是一个由月氏人建立的西域国家，他们世代在河西地区居住，在此以游牧为生。后来势力渐盛，逐渐向西发展，开始与匈奴接壤，在较长时期中与匈奴处于敌对状态，彼此相互仇视攻伐。匈奴在冒顿单于自立后，实力逐渐强大，遂将兵锋指向了月氏。月氏在战争中失败，于是匈奴占领了月氏人的土地，甚至将月氏国王的头骨制成了酒器。月氏人因此被迫西迁，迁徙到伊犁河、楚河流域的月氏人被称为大月氏，而那些留在南山地区的月氏人被称为小月氏。武帝正是考虑到这样的历史背景，才决定派遣使者穿过河西走廊，寻找西迁的月氏人作为盟友，对匈奴进

行东西夹攻。随着招募令的发出，朝廷中有一名郎官前来应募。此人名叫张骞，是一名二十多岁的年轻人，他"为人强力，宽大信人"，在应募者中脱颖而出，获得了汉武帝的信任。最终武帝委任他

古道西风
Gudao Xifeng
一口气「走」完丝绸之路（青少版）

图 2　张骞雕像

知识链接　扩展阅读

冒顿单于

　　冒顿单于是头曼单于的儿子。据《汉书·匈奴传》记载，冒顿杀父，"尽诛其后母与弟及大臣不听从者"，自立为单于。冒顿单于消灭了彼时强大的东胡，又向西击败了居住在河西走廊的月氏，将月氏人驱逐。之后，匈奴拥有了三十万的大军，将势力向西域扩张。之后，冒顿单于征服了乌孙、楼兰、呼揭等国，控制了西域大部分的地区。在冒顿单于的统治下，匈奴走向了强盛，开始称霸西域。

为使者，率使团百余人一同前往西域。

作为使者的张骞，计划自长安向西，取道河西走廊至西域，寻找西迁的月氏人。然而，当时的河西走廊已经被匈奴所控制，想要穿过河西走廊抵达大月氏国，就必须途经匈奴。因此，张骞此次西行面临着巨大的危险。在公元前139年，张骞率领一百多人从长安出发，踏上了西行的道路。

在张骞的随从中，有一个归顺的匈奴人堂邑父，是张骞使团的向导和翻译。在张骞出使西域的过程中，此人多次救张骞于危难，为张骞提供了至关重要的帮助。在他的引导下，张骞一行顺利进入了河西走廊，但由于他们人数众多，目标很大，很快便被匈奴的骑兵发现了。几乎毫无悬念，匈奴军队将张骞一行全部擒获，押送至匈奴王庭，面见当时在位的军臣单于。在询查之下，军臣单于得知张骞此行的目的是要出使位于匈奴北面的大月氏国，对他们的行为表达了愤怒和不屑。根据《汉书》的记载，军臣单于这样说道："月氏在吾北，汉何以得往？使吾欲使越，汉肯听我乎？"军臣单于以为，大月氏在匈奴的北面，张骞经过匈奴出使大月氏，绝不能被允许。这个道理就如同匈奴若要穿过汉地出使南面的越国，汉朝也不会允许一样。在这样的情形下，张骞无可奈何地滞留在了匈奴，被长期地监视和软禁。

匈奴百般拉拢张骞，赐给他贵重物品，又让他在匈奴娶妻，企图打消他出使大月氏国的念头。但是这名汉王朝的使臣并未被打动，正如《汉书》所记载"骞持汉节不失"。张骞从未忘记自己的初衷，他始终保持着坚定的意志，决心寻找机会逃走，继续前往大月氏国。但是，匈奴人对张骞的控制很严密，接连十年，张骞都没能找到机会——直到公元前129年，匈奴软禁了张骞十年之后，对张骞的监视终于逐渐放宽，张骞才终于寻找到了出逃的机会。他带领随行的下属逃离匈奴，继续前往大月氏。

张骞一行在几十天之后抵达大宛。大宛在匈奴的西南面，北邻康居，西邻大月氏。张骞此行决定先进入大宛，再经过康居，最终抵达大月氏。根据《史记·大宛列传》记载，张骞在大宛得到了国王的礼遇和帮助。大宛国王久闻汉朝国力强盛，但苦于路途遥远，再加上匈奴的阻碍，无法与汉朝取得联系，见到张骞便喜出望外，并询问张骞要到何处去。张骞答道："为汉使月氏，而为匈奴所闭道。今亡，唯王使人导送我。诚得至，反汉，汉之赂遗王财物不可胜言。"张骞向大宛国王说明了自己出使大月氏的使命和在匈奴的不幸遭遇，并承诺若能得到大宛国王引送，日后返回汉朝必将向皇帝禀明，给大宛丰厚的酬谢。原本就希望能够和汉王朝交好的大宛国王听了张骞这番话十分动心，便让张骞顺利通行，并且还为他安排了向导和译员。

在大宛的帮助下，张骞顺利到达了康居。康居王又派人将张骞送至大月氏，在西域辗转多年的张骞终于抵达了目的地。然而，十几年过去了，西域的局势已经和张骞离开长安时大不相同：大月氏人被乌孙驱逐出了伊犁河、楚河流域，向西迁徙到阿姆河流域。大月氏的国王——昔日被杀的月氏王之子（一说是国王的夫人）继位成为大月氏新的国王。他们离开伊犁河后，征服了原本居住在阿姆河流域的大夏，占领了大夏的国土，在这里建立了王庭。此时的大月氏已经远离了匈奴和乌孙的威胁，在这里安居乐业，昔日的仇恨随着时间的流逝渐渐淡化，已经没有发动战争向匈奴复仇的意愿。所以当张骞说明来意后，大月氏国王认为，汉王朝距离自己的国家路途遥远，通行不便，一旦发动战争，援助不易，联合抗击匈奴之事无法答应。张骞在大月氏停留了一年多，最终未能使大月氏国王改变态度，无奈之下，他决定返回汉朝复命。

大约在元朔元年（公元前 128 年），张骞启程返回汉朝。为了躲避匈奴的追击，他改从昆仑山北麓的南道，经过楼兰、姑师，通过羌人居住的地区回去。但令张骞始料未及的是，此时的羌人也已被匈奴征服。在返程途中，张骞再次被匈奴俘虏。

一年之后，军臣单于去世，匈奴陷入了争夺单于位的内乱之中。军臣单于的弟弟左谷蠡王自立为单于，进攻军臣单于的太子于单，双方攻伐不止。趁着匈奴内乱，张骞带着他的胡人妻子和堂邑父再次逃脱了匈奴的控制，回到了汉朝都城长安。

这便是张骞第一次出使西域的经过。在公元前 139 年出发，至公元前 126 年回到汉朝，前后共历时 13 年。从长安出发时，张骞率领着一百多人，而回到长安后只剩下了张骞和堂邑父二人。路途凶险，可见一斑。出使归来的张骞受到了嘉奖，被封为太中大夫。而屡次帮助张骞的堂邑父则被封为奉使君。尽管最初的出使目的并未实现，但张骞此次西行时查探到了重要的西域情报，考察了西域诸国的地理、风貌、物产以及风俗习惯，留下了宝贵的第一手资料。他亲身所到的国家有大宛、大月氏、大夏、康居；听到有关传闻的还有乌孙、奄蔡、安息、条支、黎轩和身毒。张骞向汉武帝详细陈述了这些国家的情况，这为后来汉王朝打通西域起到了至关重要的作用，也为丝绸之路的开辟奠定了基础。

在张骞出使西域不久之后，西汉就展开了对抗匈奴的战争，接连发动了河南之战和河西之战，都取得了重大胜利。张骞在返回汉朝之后也参加了抗击匈奴的战争。元朔六年（公元前 123 年），大将军卫青奉命率领大军出击匈奴，张骞以校尉的身份随军。张骞有过出使西域的经历，非常熟悉西域的地形，了解匈奴军队的特点。在这次行军过程中，张骞应用了他丰富的地理知识和之前积累的经验，为汉军做向导，为制定具体的行军路线提供了指导意见。据《汉书》

南方丝绸之路

南方丝绸之路指的是历史上经过中国的四川、云南等地区，连接缅甸、印度，通往东南亚、中亚、西亚的道路，包括著名的蜀身毒道和茶马古道等。南方丝绸之路与西北丝绸之路、海上丝绸之路一样，也是古代中国进行对外交通和贸易、文化交流的重要通道。

张骞出使西域还有一个意外的发现，并且这个意外的发现直接引发了南方丝绸之路的开辟。张骞第一次出使西域回到汉朝以后，向汉武帝奏报自己在西域的见闻时，提到曾经在大夏国见到了出产于蜀地的邛竹杖和蜀布。蜀地与大夏相距万里，蜀地的物品又怎么会出现在大夏呢？张骞便问当地人是怎样获得这些东西的，据大夏国人称，这是大夏的商人从身毒国贩运来的。张骞根据大夏人的传闻估计身毒国在大夏国东南大约几千里的地方，既然身毒有蜀地的物品，张骞便据此进一步推测身毒国与蜀地之间存在一条可以通行的道路。经过羌地到大夏的出使道路十分危险，而且还要面临匈奴骑兵的威胁。他认为如果能找到从蜀地出发到大夏的道路，不仅可以避免匈奴的追捕，而且没有草寇的干扰，会相对便捷和安全。这样，张骞出使西域不仅打通了丝绸之路的西域道，还发现了一条从蜀地出发，往西南方向前进，直接通往身毒国和中亚的道路。

听了张骞的报告，汉武帝决定经营西南地区，打通从蜀到身毒的道路。据《汉书·西南夷传》记载，公元前122

年，汉武帝命令张骞、王然于、柏始昌、吕越人等率军从蜀"四道并出"，意图打通和控制蜀身毒道。但是此次出兵并不顺利，使臣官兵在云南受阻，"终莫得通"。虽然此次经略西南地区没能打通从蜀通往身毒的道路，但是汉使到达了前往身毒的必经之地——滇国，并且了解到滇国的西面还有一个乘象国。蜀商经常到那里往来贸易。

到了公元前109年，汉武帝再次出兵西南地区，滇国降服。汉朝在滇设置了益州郡。之后又降服了"昆明夷"，设置数县，隶属于益州郡。汉朝对西南地区的经略成效显著，将云南纳入了中央王朝的版图。此后，汉朝完全控制了蜀身毒道。蜀身毒道也从一条民间商道成为一条官道。这条道路在当代又被称为"南方丝绸之路"，以现在的四川成都为起点，经过雅安、西昌到云南，从腾冲到达缅甸，抵达印度，是贯穿四川、云南，连接缅甸和印度的国际通道。

记载，张骞"知水草处，军得以不乏"，在辽阔的西域及时为军队提供了粮草供给。由于在此次战争中的卓越表现，张骞被封为博望侯。两年后，张骞奉命与李广一起率军进攻匈奴。李广所率领的先头部队陷入匈奴左贤王部队的围困之中，张骞赶到后，匈奴军才退去，汉军伤亡惨重。张骞因没能及时应援，被贬为庶人。

在接下来的两年里，霍去病率领汉军彻底打击了匈奴浑邪王的势力，浑邪王最终率领部众降汉。汉军又驱逐匈奴于漠北，出现了《汉书》中所描述的"金城、河西并南山至盐泽，空无匈奴"的局面。在这样的情况下，张骞向汉武帝建议联合乌孙对抗匈奴。

张骞建议汉武帝联合乌孙，共同抵抗匈奴。他认为可用财物拉拢的方式，诱导乌孙回到故地。之后再通过联姻的手段，将公主嫁给猎骄靡，与乌孙结为昆弟。以此来形成稳定的同盟关系。这样一来，便能联合乌孙，达到断匈奴右臂的目的。计划如果成功，那么西边的大夏等国成为汉朝的外臣则指日可待。汉武帝采纳了张骞的建议，命令他为中郎将，再次出使西域。

知识链接 **扩展阅读**

猎骄靡

　　张骞在匈奴的时候曾经听闻乌孙昆莫猎骄靡的故事。猎骄靡是乌孙昆莫难兜靡的儿子。乌孙与大月氏原本都是位于敦煌一带的两个国家。大月氏进攻乌孙，将乌孙昆莫难兜靡杀害，掠夺了乌孙的土地，乌孙人逃到了匈奴。在逃亡的过程中，难兜靡的一个大臣将刚刚出生的猎骄靡放在草地上，为他寻找食物，回来时发现一头狼在给年幼的猎骄靡喂奶，并且还有乌鸦衔来肉放在他身边。于是这个大臣认为猎骄靡有神明护佑，将他带到了匈奴，由军臣单于将其抚养长大。待到猎骄靡成年，单于便将其父亲难兜靡的民众交给他。当时的大月氏已经被匈奴打败，大月氏又向西进攻塞王，占领了塞王的土地。猎骄靡便向单于请示为父报仇，进攻大月氏，大月氏又向西迁徙到了大夏之地。适逢军臣单于去世，猎骄靡兵力渐强，便不愿再向匈奴称臣。匈奴数次派兵进攻乌孙，都以失败告终。

元狩四年（公元前 119 年），张骞第二次出使西域。如前所述，此次出使的目的是为了联合乌孙抗击匈奴。此外，张骞还带着持节的副使，在西行途中将这些副使分别派遣到不同的国家进行交涉访问。张骞率领着三百人，带着上万只羊的羊群，还有成千上万的金银丝绸，队伍浩浩荡荡地向西出发——由于此时匈奴势力已被汉军逐出了河西走廊，西行的道路畅通，所以张骞第二次出使西域途中非常顺利，很快便抵达了西域。据《汉书》记载，张骞来到乌孙后，向国王猎骄靡传达了汉武帝的意图，希望两国联姻交好。但是，此时乌孙王年老，大臣们对汉朝不了解，又害怕匈奴的攻击，他们都不愿意回到故地与汉朝结盟抗敌。张骞此次出使还是未能达成既定的目标，只得返回长安。

虽然张骞第二次出使西域没能达到联合乌孙共击匈奴的目的，但是他也并非无功而返。乌孙王感于汉武帝与张骞的诚意，派出向导和译员送张骞返汉，并委派了几十人的使者团一同回到汉朝，向汉武帝道谢。这一行动拉开了汉朝与乌孙友好外交的序幕。据《汉书》记载，乌孙"因令窥汉，知其广大"，加深了对汉王朝的了解，之后便开始与汉朝加强往来，并主动要求与汉朝联姻交好。汉武帝先后将细君公主和解忧公主嫁给乌孙国王，两国保持了长期的姻亲关系。另外，张骞将副使分派到大宛、康居、大月氏、大夏、安息、身毒、于阗等国进行外交访问，与中亚、南亚地区的诸多国家发展了外交关系，也是此次出使西域的一大收获。

张骞第二次出使西域回到长安后，被封为主管接待外宾事务的大行令。一年多以后，张骞去世，时年五十岁。尽管张骞病逝，但打通西域的进程并未停止，张骞当初分派到西域诸国的副使，皆以张骞的名号来取信于西域诸国。西域诸国久闻张骞的事迹，都愿意与汉王朝交好，纷纷派遣使者与张骞的副使一起前往长安。于是，

解忧公主

解忧公主出身汉室皇族，她的先祖刘交是汉高祖刘邦的弟弟。刘邦还是沛公的时候，刘交就随其出征，立下显赫战功，是刘邦的得力助手。刘邦称帝后，封刘交为楚王。解忧公主是第三代楚王刘戊的孙女。在与乌孙和亲的细君公主去世后，为了维护汉朝与乌孙缔结的和亲关系，解忧公主奉命远嫁乌孙，她在抵达乌孙后，接受乌孙习俗，积极参与政事，维护西汉与乌孙的联盟关系。解忧公主在乌孙生活了约半个世纪之久，为巩固汉王朝与乌孙之间的关系做出了卓越的贡献。

西域各国与汉王朝就这样开始了外交往来，汉王朝通往西域的道路由此彻底被打通了。

西域通道的开辟，与张骞的两次出使是密不可分的。正如《汉书》中张骞的传记里所称，张骞从敦煌，出玉门关，进入新疆，再从新疆到中亚、西亚，打通了一条连接欧亚的"丝绸之路"，是谓"凿空"，这是丝绸之路诞生的历史节点。古中国的丝绸通过这条道路登上了世界贸易的舞台，西方的奇物珍宝也通过这条道路源源不断地来到中国。张骞开辟丝绸之路的往事至今仍为人所称道。

龙城飞将——卫青率军抗匈奴

秦时明月汉时关，

万里长征人未还。

但使龙城飞将在，

不教胡马度阴山。

——王昌龄·《出塞二首》

在唐代，兴起了以边塞军旅生活为题材的边塞诗。而在汉代，数辈有志于开疆拓土的将帅们在边塞建功立业，这为唐代的边塞诗提供了创作的源泉。而说起汉代的这些将帅们，最为后人赞赏的当属武帝时期的大将军卫青。这位与"飞将军"李广合称为"龙城飞将"的汉家名将，曾经在西汉王朝开辟丝绸之路的历史进程中留下过显赫的声名与豪迈的故事。

卫青出身贫寒。他的母亲是平阳侯曹寿府中一个叫卫媪的奴婢。她与平阳侯府里的一个叫郑季的小吏私通，生下了一个孩子，这个孩子就是卫青。由于卫青的私生子身份，致使他少年时期的生活充满苦难。卫青随母姓，上面还有三个姐姐：卫君孺、卫少儿、卫子夫，和一个哥哥卫长君。卫媪无力抚养众多儿女，便将卫青送到其生父郑季家里。卫青在郑家的生活更加悲惨，后母及其儿子不把

图3 卫青画像

卫青当作家人看待，年少的卫青一直过着奴隶般的生活。

在今天的陕西淳化县，有一个村子，叫凉武帝村，这里群山环绕，绿意葱茏。两千年前的西汉时期，这里建起了一座甘泉宫，如今仍然留存着残垣断壁。每年的五月，汉武帝都会来到甘泉宫避暑，住到八月才回长安。在这期间，汉武帝的一系列政治活动都在这里进行。比如：接受诸侯的朝觐、下达北伐的战争部署、完成各种祭祀活动等。因此，这座北靠甘泉山、南望长安的甘泉宫，其实是京城长安之外的一座陪都。

少年时期的卫青有一次跟随别人来到了甘泉宫。当时一位上了枷锁的囚徒看到了卫青，便说这是贵人的面相，日后定当加官晋爵。少年卫青一直过着卑贱的穷苦生活，听到此话倍觉诧异，他笑着说："人奴之生，得无笞骂即足矣，安得封侯事乎！"尽管连卫青自己都不相信未来将有封侯的一日，但是那位囚犯的预言最终却在卫青身上应验了。

卫青成年后，在平阳侯府担任骑奴（侍奉主人骑马的奴仆）。这段经历使卫青掌握了高超的骑马技术，为他后来驰骋疆场打下了基础。那时，卫青的姐姐卫子夫是平阳侯府里的歌女。一次偶然的机会，年轻的汉武帝去平阳侯府看望自己的姐姐——已经嫁给平阳侯曹寿为妻的阳信公主，席间看中了卫子夫。出身寒微的卫子夫因此进了宫，成为汉武帝的妃嫔。而卫青也因为姐姐的缘故，得以去建章宫中当差，后来逐步成长为一名将领。

元光二年（公元前 133 年），西汉的国力持续增长，达到可以抗衡匈奴的程度，汉武帝接受了大行令王恢的建议，不再与匈奴和亲，转而积极备战。王恢精心策划了一场诱敌歼灭战，计划汉军在马邑城设下埋伏，再诱导匈奴大军进入埋伏圈，一举歼灭之。不料有人向匈奴泄密，导致计划失败，王恢也因此被诛杀，史称"马邑之围"。西汉与匈奴的关系跌至冰点，自此兵刃相见。

知识链接 扩展阅读

马邑之围

公元前 133 年，汉武帝采纳了王恢针对匈奴的诱敌计划。马邑的一位商人聂壹以经商为由，觐见军臣单于，称自己可以为匈奴攻下马邑城，以此为借口诱骗匈奴调遣大军至马邑。汉武帝派遣了三十万大军，命令韩安国、李广、公孙贺率主力部队埋伏在马邑附近的山谷里，准备围歼匈奴大军；王恢、李息率军出代郡，准备缴获匈奴的辎重。军臣单于在率兵前往马邑的途中，看到许多牲畜，但是并没有看到放牧的人，便产生怀疑。随后匈奴俘获了雁门尉史，尉史将汉军的计划和盘托出。军臣单于下令立即撤兵，并且封尉史为"天王"。马邑之围的计划就这样宣告失败。此后，匈奴拒绝和亲，在边地四处袭扰，袭击汉朝边郡。

元光六年（公元前 129 年），汉武帝准备对匈奴主动出击，兵分四路，派卫青、公孙贺、公孙敖、李广四人各自带兵一万出击匈奴。卫青被封为车骑将军，从上谷出发；轻车将军公孙贺，从云中出发；

骑将军公孙敖，从代郡出发；骁骑将军李广，从雁门出发。尽管声势浩大，但汉军的作战并不顺利——公孙敖损失骑兵七千；李广溃败，本人被匈奴俘虏，后来只身逃回；公孙贺亦无战果。四人之中，唯独卫青获得小胜，他率兵攻打至龙城，斩杀敌军七百。龙城是匈奴祭祖的地方，卫青带军攻至龙城，重挫匈奴士气，意义重大。通过这场战争，卫青崭露头角，展示了自己的军事才能，并得到了汉武帝的青睐。战后，汉武帝赐给卫青关内侯的爵位。

汉军的进攻很快招致了匈奴的反攻。次年秋天，匈奴两万骑兵入汉，杀死辽西太守，之后继续进军，击败了渔阳守军，围困韩安国，随后又袭击雁门，杀略千余人。匈奴的袭扰给汉王朝的北疆带来了巨大的安全隐患，于是汉武帝派遣卫青、李息等人发动了对匈奴的反击。卫青率骑兵三万，出雁门，李息出代郡策应配合。汉军此次出征取得了重大战果，卫青率军斩杀、俘获匈奴军数千人。这是西汉与匈奴开始正面交锋以来首次大规模的胜利。而卫青也自此成为汉军对抗匈奴的主要将领之一。

一年之后，卫青奉命再次出击。他从云中出发，向西行军至高阙，最后在陇西击败匈奴军。杀、虏匈奴数千人，缴获牲畜百余万头。匈奴在此地的白羊王、楼烦王战败逃走。经此一役，卫青收复了在秦代被匈奴掠取的河南地（今内蒙古河套平原一带）。西汉在此地设置朔方郡，重新将河南地纳入了西汉的版图。战后，汉武帝对卫青大加奖赏，封卫青为长平侯，食邑三千八百户。

匈奴怨愤西汉夺回了朔方一带，因此不断袭扰汉边。匈奴右贤王经常带兵至朔方郡袭扰边民，杀害了众多的官吏和平民。汉武帝为彻底解决这一问题，决定展开与匈奴的决战。元朔五年（公元前124年）春天，他命车骑将军卫青为帅，领三万骑兵出高阙，同时出征的还有游击将军苏建、强弩将军李沮、骑将军公孙贺、轻车将军

古道西风
Gudao Xifeng
一口气「走」完丝绸之路（青少版）

李蔡，四人所率部队都从朔方出发，全部听从卫青部署。另外，李息、张次公为将军，由右北平出击。各路军队一起出击，围攻匈奴。匈奴右贤王与卫青军对峙数日，以为卫青在等待汉军支援，他认为汉军还到不了这里，因而饮酒至醉。孰料，卫青趁夜率军发动夜袭，匈奴军瞬间溃败。右贤王大惊，独自向北逃走了。尽管右贤王逃脱，但这次战役中，汉军擒获右贤裨王十余人，匈奴有一万五千多人投降，可谓大获全胜。汉军还缴获牲畜百万余头，凯旋而归。卫青率军回到边塞的时候，汉武帝派使者拿着大将军印迎接卫青，在军中拜卫青为大将军，总领各路将军及其部队。汉武帝称："大将军青躬率戎士，师大捷，获匈奴王十有余人，益封青八千七百户。"为了奖赏卫青的战功，封卫青食邑八千七百户，又封卫青的三个未成年的幼子为侯爵。此外，卫青属下有功的将领们也都拜将封侯。自此，卫青成为征讨匈奴的最高军事将领。

卫青出身卑微，少年时凭借姐姐卫子夫的荫庇才得以在军队里任职。但他一生驰骋疆场，终于成为抗击匈奴首屈一指的大将军。他用七战七捷的事实证明了自己的杰出将才。他的军事才能在后来的漠北大战中得到了淋漓尽致的发挥。

漠南之战与卫青治军

虽然西汉抗击匈奴的战役获得了接连的胜利，但是匈奴在北方仍保有一定的军事实力。匈奴军经常在边境抢掠，甚至杀了代郡都尉。元朔六年（公元前123年），卫青奉命从定襄出兵，计划攻打匈奴单于主力部队。一同出征的还有中将军公孙敖、左将军公孙贺、前将军赵信、右将军苏建、后将军李广、强弩将军李沮等人，由卫青统一指挥。汉军第一次进攻便旗开得胜，斩杀匈奴军几千人。隔月余，汉军再次出击。这次战役斩杀匈奴军一万多人，但汉军也遭受了重大的损失。苏建、赵信一起率三千骑兵，不巧碰到单于大军，双方激战了一天多，无奈寡不敌众，苏建、赵信率领的三千骑兵几乎全部战死。赵信原本是胡人，后来向汉军投降。赵信被匈奴生擒，在战败的情况下，不敌匈奴的诱惑，带着余下的八百骑兵投降了。苏建手下骑兵全部阵亡。苏建本人九死一生，逃回了汉军大营。

苏建回到军营后，卫青召集议士商议应该如何处置苏建。众人大多劝卫青将其处死，以彰显卫青的军威以及军法的严厉。但卫青却认为，苏建以寡敌众，其勇可嘉；而且大将在外征战，不能越过皇帝的权力来擅自处死将领，应该由武帝来对苏建进行处置。最终，卫青将苏建送至汉武帝的行宫，苏建最终被武帝赦免。此事中，卫青赏罚分明，爱护将士之心表露无遗。

封狼居胥——霍去病铁骑建功

元嘉草草，封狼居胥，赢得仓皇北顾。

四十三年，望中犹记，烽火扬州路。

可堪回首，佛狸祠下，一片神鸦社鼓。

凭谁问，廉颇老矣，尚能饭否？

——辛弃疾《永遇乐·京口北固亭怀古》

　　这首词为南宋抗金将领辛弃疾所作。辛弃疾，字稼轩，他毕生致力于北伐抗金，但命途多舛，终其一生，他的满腔抱负并未实现。他将自己的未酬壮志诉诸笔端，开创了自成一派的稼轩词。在这首词里，辛弃疾就用了"封狼居胥"的典故，寄托自己想要恢复中原建功立业的豪情壮志。

　　所谓"封狼居胥"，指的是西汉名将霍去病从征匈奴时的一段故事。自马邑之围开始，汉王朝与匈奴之间的关系逐渐走向正面交锋，直到元朔六年（公元前123年）之间，汉王朝发动了数场出击匈奴的战争。这些主要由卫青指挥的战役虽然取得了辉煌的战绩，甚至夺回了朔方郡，但是这些战役并没有对匈奴单于麾下的草原铁骑造成毁灭性的打击。汉王朝意图彻底征服匈奴——把西域正式纳入汉王朝的实际控制范围中来，还需要从根本上摧毁这支草原军事力量。

元朔年间，尽管汉军在漠南之战中取胜，但损失也很大，此战可谓惨胜。但此役中，另一位汉家名将开始崭露头角，他就是卫青的外甥，后来的骠骑将军霍去病。

霍去病，是卫青的姐姐卫少儿的儿子。与卫青不同，霍去病可以说是少年得志——他年少时便擅长骑射，18岁便做了侍中。后来又被汉武帝任命为票姚校尉，跟随舅舅卫青在漠南与匈奴作战。霍去病初次出征匈奴是在元朔六年（公元前123年）。当年春天，汉武帝委任大将军卫青率军定襄，进攻匈奴，这便是前文所说的"漠南之战"。霍去病彼时亦在军中，他初次临阵便显露出了果敢而勇烈的性格：初至前线，霍去病便主动向卫青请命，希望率领一军出击，于是卫青便挑选了八百名骁勇骑兵交由他来指挥。

图4 霍去病雕像

霍去病率领八百骑兵作为先锋，远离大军几百里，孤军深入，开始与匈奴独立作战。凭着一腔热血，他取得了出类拔萃的战果。是役，霍去病率军斩杀、俘虏敌军2200人。匈奴单于的祖父临阵被杀，叔父罗姑比被擒，匈奴相国和当户等人也被俘获。霍去病率军取得大胜，他此战之中取得的战果可谓耀眼至极。为表率霍去病率军破敌之功，汉武帝封他为"冠军侯"，意指其功冠全军，锐不可当。

随着卫青年龄逐渐增长，汉王朝急需一个年富力强的主将接班人。在漠南之战中，汉武帝看到了霍去病的骁勇以及军事才能，此时他正需要这样的将领来担任要职，承担未来进击匈奴的重任，于是他开始对霍去病委以重任。元狩二年（公元前121年），此时距离霍去病封侯已有三年。为了进一步打击匈奴，汉武帝在这一年的春天任命霍去病为骠骑将军，率领一万骑兵从陇西出发，出击匈奴，"河西之战"由此展开。霍去病此次出征的直接目标是攻打匈奴右贤王的军队。霍去病行军速度非常快，他率军一路奔袭，自陇西出发，快速行军至皋兰、河西地区。霍去病所率的骑兵机动力极高，这是他率领部队的突出特点，在取得胜利后，又快速转战至下一地点，闪击匈奴五部，立下了赫赫战功。此战霍去病率军共斩杀敌军八千余人，杀折兰王，斩卢侯王，俘虏了浑邪王的儿子及其相国、都尉，并且夺取休屠祭天金人。此次战役可以说是取得了空前的胜利。

由于首次河西之战大捷，汉军队士气高涨，同一年的夏天，西汉又发动了第二次河西之战。霍去病与公孙敖率领数万骑兵从北地出发，张骞和李广从右北平出发。公孙敖因迷路，没有参战。骠骑将军霍去病毅然率军深入匈奴两千多里，经过居延、小月氏，到达祁连山，俘虏了单桓、酋涂王，擒获相国、都尉，及其降众二千五百人，斩杀敌军三万两百人，擒获裨小王七十几人。汉武帝又为霍去病加封五千户。这次战争中论战功，霍去病可谓是一枝独秀，公孙敖迷路没能参战，李广大败，张骞增援不力，唯有霍去病战功显赫。

两次河西之战稳定了河西之地的大局，匈奴在祁连山麓溃败，随之向北迁徙，河西平定。河西走廊是连通西域的要塞，被喻为丝绸之路的咽喉，至此，汉王朝彻底掌握了此地的控制权。也就是在这个过程中，霍去病在边塞威名大振。

经过这几次战争，霍去病积累了作战经验，证明了自己的军事指挥能力，也得到了汉武帝的器重。霍去病麾下属将赵破奴、高不识、仆多三人因作战有功被封侯，他们也成为霍去病的左膀右臂。霍去病麾下聚集了一批资质颇高的属将，士兵也都是强壮且敢于冲锋陷阵的勇士。他统领的部队是一支有凝聚力的精锐力量。因此霍去病经常能够领先大军，获得显赫战果。而与他相比，其他部队就略逊色。如此一来，霍去病就愈加显得出类拔萃，他受汉武帝青睐的程度日益比肩大将军卫青了。

匈奴在河西之战中的失利令单于大为恼怒，他责怪浑邪王接连被汉军打败，不但丢了河西之地，几万人的部队都被霍去病击杀殆尽。于是单于就想要诛杀浑邪王。提前得到消息的浑邪王惊恐万分，就与也居住在河西地带的休屠王商议对策，决定一起投降汉王朝。浑邪王派使者到边塞找汉人报信，恰好当时大行李息正在黄河边筑城墙，见到匈奴的使者，就得知了浑邪王想要投降的消息。李息立即派人骑快马去皇帝的住所报告。汉武帝知道后，有些怀疑，毕竟浑邪王部众还有很多，担心浑邪王以投降为借口突袭汉军，于是就派霍去病去纳降。

投降原本可以顺利完成，但是休屠王觉得降汉太过草率，同时也认为这样做有愧于单于，竟然临时反悔。浑邪王劝说不成，便杀了休屠王，兼并了他的部众。霍去病奉命纳降，带兵渡过了黄河，看到了浑邪王部众。浑邪王手下部分将领不愿降汉，看到了汉军，就领兵逃跑了。霍去病发现后，立即疾驰到浑邪王的帐前，当机立断斩杀了意图逃跑的八千匈奴部众，遏制住了混乱，掌控了全局。接着霍去病又安排浑邪王单独乘车到汉武帝的行在所，并由霍去病的军队亲自率领浑邪王手下部众渡过黄河。这一次浑邪王部投降汉王朝的共有四万余人，号称十万。霍去病让一场本有可能兵变的纳降顺利进行，立了大功，汉武帝因此又加封于他。

浑邪王的投降，对汉王朝来说意义重大，这意味着汉军终于切断了匈奴右臂，此后可以集中兵力对付匈奴单于和左贤王。浑邪王来到长安觐见汉武帝，表示愿意降服。武帝非常高兴，赏赐给他大量钱财，还封他为漯阴侯。随后，汉王朝在河西之地设立武威、张掖、酒泉、敦煌四郡，正式把此地纳入汉王朝的版图之内。又在边境设了五个属国，将浑邪王带来的几万人安排在属国内，依旧按照匈奴固有的习俗和制度进行管理。

西汉与匈奴之间的战火暂时止歇。一年之后，遭受重创的匈奴不甘沉默，再次对右北平、定襄等地袭扰，杀死千余人。投降匈奴后的赵信，成为单于的军师。他很了解汉军，认为汉军不适应沙漠的恶劣环境，进入沙漠后肯定没办法久留。因此，他建议单于不要在靠近边塞的地方作战，应该把汉军引诱到沙漠里，届时汉军不熟悉沙漠的环境，没有水，也没有粮食，势必坚持不了几天，可以一举歼灭。单于依照赵信的意思，做好了作战的准备。

元狩四年（公元前119年）的春天，汉武帝命令大将军卫青、骠骑将军霍去病各自率领五万骑兵出征，发动了漠北之战。西汉王朝为这次战争投入了大量的军力、物力，意图通过这次战争打垮单于主力，彻底解决西域问题。按照原本的计划，卫青率军出代郡，进攻匈奴左贤王，霍去病出定襄，率军进攻单于主力。但出兵之前，汉军俘虏了一个匈奴人，据他说，此时单于在代郡以东。于是汉武帝就更改了计划，让霍去病出代郡讨伐单于，卫青出定襄。

赵信为单于谋划，说："汉兵即度幕，人马罢，匈奴可坐收虏耳。"（汉军渡过沙漠，士兵都体力不支了，马匹也早已累了，到那时，匈奴可以坐等收俘虏了。）于是单于将战略物资全部运到漠北驻地，能够打仗的精兵也都转移到漠北。如此一来，汉军得到的情报与实际情况恰好相反，最终霍去病军遇到的是左贤王的部队，而卫青则碰上了单于大军。

卫青从定襄出发，大军行进一千里，恰好碰上了严阵以待的匈奴主力。大将军卫青并没有慌乱，他沉着应对，在最短的时间内制定了战略。卫青用武刚车布阵，快速筑成一道防御堡垒，然后派出五千骑兵去迎战匈奴，匈奴则派出了骑兵一万，战斗由此展开。

当时天色已晚，大漠中忽然刮起一阵大风，飞沙走石。在恶劣的天气条件下，卫青并没有下令收兵，反而趁机增派两队骑兵从左右两翼包抄单于大营，这让原本打算坐收俘虏的单于措手不及。单于看汉军士气高涨，再战下去对匈奴不利，便乘着六骡快车，由几百个精壮骑兵护卫，冲出重围向西北方向逃跑了。天已经完全黑了，两军仍在激战。卫青的一个属将俘虏了一名匈奴兵，说单于已经从西北方向逃走了。卫青急忙派轻骑兵前去追赶，自己率大军紧随其后。匈奴兵趁势四散。汉军斩杀匈奴军一万多人。卫青追出去两百里，直到天亮都没有追到单于。随后，卫青到达了寘颜山下的赵信城，夺取了匈奴囤积的粮草，补充了军队物资。卫青在这里停留了一天，焚烧了匈奴剩下的粮草，之后回师。

而在骠骑将军霍去病方面，取得的战果远超大将军卫青。虽然没能按计划找到单于主力，但是他率军击垮了匈奴左贤王部。霍去病充分发挥了轻骑兵速度快的优势，快速深入匈奴腹地两千里，斩杀左贤王军多达七万人，而己方损失很小。霍去病在行军过程中，创造性地做到了就地获得敌方粮草，取食于敌，这不但为汉王朝节省了大量的军事物资，还打击了匈奴当地的生产，使匈奴在短时间内难以恢复军力。汉军俘虏匈奴屯头王、韩王等三人，俘虏将军、相国、当户、都尉等八十三人。霍去病乘胜追杀至狼居胥山，在那里举行了祭天封礼，并在姑衍山举行了祭地禅礼，以告成功之事。此后，"封狼居胥"就成为历代武将的最高荣誉。

经过漠北之战，汉军彻底击溃了匈奴的军事主力。单于迁徙到漠北，漠南之地自此再无匈奴王庭。此后，西汉与匈奴之间维持了很长时间的和平，不再有大规模的战事发生，双方开始互通使节，丝绸之路得以畅通。

然而从漠北之战回来后不久，霍去病却因病而英年早逝，年仅 24 岁。汉武帝非常悲痛，他谥封霍去病为"景桓侯"，以此来纪念霍去病的功勋。他还派出铁甲军，列成阵沿长安一直排到茂陵东的霍去病墓，以示哀悼。霍去病墓按照祁连山的形貌修建，以此彰显他攻克匈奴的伟业。班固在《汉书》中，曾评价这位少年将军称："骠骑冠军，猋勇纷纭，长驱六举，电击雷震，饮马翰海，封狼居山，西规大河，列郡祁连。"

塞上笳声——苏武牧羊守汉节

苏武留胡节不辱。

雪地又冰天，穷愁十九年。渴饮雪，饥吞毡，牧羊北海边。

心存汉社稷，旄落犹未还。历尽难中难，心如铁石坚。

夜坐塞上时闻笳声，入耳痛心酸。

转眼北风吹，雁群汉关飞。白发娘，望儿归，红妆守空帏。

三更同入梦，两地谁梦谁？任海枯石烂，大节不稍亏，

终教匈奴心惊胆碎，拱服汉德威。

—— 蒋荫棠《苏武牧羊》

古道西风 Gudao Xifeng 一口气〔走〕完丝绸之路（青少版）

这是民国时期著名的书法家蒋荫棠所作的一篇歌词：《苏武牧羊》。因歌词古意盎然，所以时常被人们误以为是一首古词。自问世以来，这首歌在民间广为传唱，影响很大。词中所述说的，是西汉时期苏武出使匈奴的故事，尽管时间已经过去了两千余年，但透过这些词句，依旧可以看到那位留胡不辱节的汉使形象，在历史的时空中熠熠生辉。

自张骞凿通西域开始，汉朝与西域各国之间便常有使者往来。但是，汉武帝时期汉王朝与匈奴仍处于敌对状态，时常出现双方互派的使者被对方扣留的情况。其中汉朝派往匈奴的一位使者——苏

武的故事最为人们所熟知。

　　苏武，字子卿，杜陵（今陕西西安）人。他的父亲是代郡太守苏建——也就是那位昔年与卫青一起从征匈奴的右将军。凭借父亲的荫庇，苏武及其兄弟三人都任郎职，成为汉武帝的随从。后来，苏武被提拔为掌管皇帝鞍马鹰犬的厩监。当时，匈奴先后扣留了十几位汉朝使节，包括郭吉、路充国等人。匈奴派往汉朝的使者也被扣留在汉。到了天汉元年（公元前 100 年），且鞮侯单于刚刚即位的时候，担心汉王朝进攻匈奴，就将路充国等使者遣返归汉，并说"汉天子我丈人行也"。有来无往非礼也，汉武帝也将扣押在汉的匈奴使者遣返匈奴。汉武帝命苏武以中郎将的身份持节将这些匈奴使者送到匈奴，并且携带了大量的礼物送给匈奴，以向匈奴表示善意。苏武长达 19 年的匈奴之行便拉开了序幕。

　　天汉元年，苏武与中郎将张胜和属官常惠及部众百余人一起前往匈奴。抵达匈奴后，将携带的礼物献给且鞮侯单于，不料且鞮侯单于愈加骄纵，并不诚心与汉朝交好。

　　原本且鞮侯单于打算派人护送苏武等人回汉朝，匈奴却祸起萧墙，有人企图谋反，阻断了苏武的归程。谋反之人便是缑王与长水人虞常。缑王乃是浑邪王姐姐的儿子。浑邪王原是匈奴的一支，元狩二年，霍去病在河西之战中俘虏了浑邪王子及相国、都尉等人。浑邪王和休屠

图 5　苏武牧羊雕像

王谋划投降汉朝，霍去病前去迎接。浑邪王杀了休屠王，将领四万余部众归顺汉朝。缑王也和浑邪王一起降汉，之后又跟随浞野侯进攻匈奴时被俘虏。虞常本是汉人，后跟随卫律投降匈奴。缑王与卫律手下的将士暗中商议劫持单于的母亲阏氏归汉。适逢苏武、张胜前来出使匈奴，虞常在汉朝的时候与张胜有故交。虞常便私下拜访张胜，说："闻汉天子甚怨卫律，常能为汉伏弩射杀之。吾母与弟在汉，幸蒙其赏赐。"虞常想用计谋射杀投降匈奴的卫律，以此使留在汉朝的母亲和弟弟受到赏赐。张胜便允诺了虞常，并且送给他厚礼。

一个多月以后，且鞮侯单于出去打猎，阏氏和单于的子弟留在了王庭内。虞常等七十余人准备起事，劫持阏氏。其中有一人趁夜逃走，向阏氏告发虞常等人。单于的子弟带兵与虞常等人交战，缑王战死，虞常也被活捉。

单于让卫律去处理这件事。张胜知道后，害怕虞常将其揭发，就将整件事的来龙去脉告诉了苏武。苏武说："事如此，此必及我。见犯乃死，重负国。"意思就是：事已至此，必定会连累到你我。等到受侮辱才死，就更对不起国家了。说罢，苏武就要拔剑自刎，张胜和常惠一起拦住了他。经过卫律的审问，虞常果然供出了张胜。单于得知汉朝使者也参与此事之后勃然大怒，召集匈奴大臣们商议，意欲诛杀汉朝使者。左伊秩訾即左贤王说："即谋单于，何以复加？宜皆降之。"建议单于将汉朝使节全部招降。单于便命令卫律前去说服苏武投降匈奴。苏武拒绝了卫律。他对常惠等人说："屈节辱命，虽生，何面目以归汉！"说完便拔出腰间的佩刀自杀。卫律大惊，急忙抱住了苏武，并派人快马加鞭请来巫医。巫医在地上挖了一个坑，点燃了温火，将苏武面朝下放在坑上，轻轻拍打苏武的背，让瘀血散去。所幸苏武伤不致命，过了半天缓过气来。常惠等人痛哭着，把苏武抬到车上，回到营房里。单于得知苏武为汉自刎，赞赏他的气节，每天早晚都派人前来问候苏武的身体状况，而把张胜抓了起来。

苏武逐渐痊愈了，单于便派使者通知苏武一起来审问虞常。单于想借此机会拉拢苏武投降。卫律当场拔剑杀了虞常，说"汉使张胜谋杀单于近臣，当死，单于募降者赦罪"，意思是汉朝使者张胜谋杀单于的臣子，应当是死罪，但是单于招降的人可以赦免死罪。说罢，卫律用刚刚刺死虞常的剑指向张胜，张胜当即投降。卫律又对苏武说副使有罪，你也应当连坐。苏武面不改色，说道："本无谋，又非亲属，何谓相坐？"卫律又用剑指着苏武，苏武岿然不动。

卫律见使用恐吓的手段不能够使苏武招降，便以自己投降匈奴得到荣华富贵的经历诱惑苏武，苏武仍然不作回应。卫律见苏武软硬不吃，便说："君因我降，与君为兄弟，今不听吾计，后虽欲复见我，尚可得乎？"意思就是你若顺着我投降匈奴，你便是我的兄弟，你今天若不听从我的建议，以后再想见我，还有可能吗？

苏武听罢便大骂卫律："女为人臣子，不顾恩义，畔主背亲，为降虏于'蛮夷'，何以女为见？且单于信女，使决人死生，不平心持正，反欲斗两主，观祸败。南越杀汉使者，屠为九郡；宛王杀汉使者，头县北阙……独匈奴未耳。若知我不降明，欲令两国相攻，匈奴之祸从我始矣。"意思就是说卫律作为汉朝的臣子，忘恩负义，背叛汉朝天子，置亲人于不顾，在匈奴之地做投降的奴隶，我为何要见你？况且单于信任你，让你来定夺别人的生死，但你却没有公正地主持正义，反而用离间的伎俩，想要使汉天子与匈奴单于互斗，自己在旁边观看两国的损失。当初南越杀汉朝使者，九郡都被平定；大宛杀汉朝使者，自己的头颅却被挂在宫门外……唯独匈奴还没有因为杀害使者受到惩罚。你明知道我不会投降，你想要使汉朝与匈奴之间发起战争，那么匈奴的灾祸就将因为我而起了。

卫律意识到苏武是始终不肯妥协的，便告知了单于。这使得单于更加坚定了收服苏武的决心。单于将苏武放到地窖里面囚禁，不给他水和食物。天上下雪了，苏武就躺在地窖里，和着雪吞下毡毛，在饥寒中度过了很多天。单于又把苏武流放到北海（今俄罗斯境内贝加尔湖）边，让他去放羊，称等到公羊生了小羊，苏武才能回去。

苏武来到北海边，配给的粮食却还没有到。无奈之下，苏武只得去挖野鼠洞里储存的野果来吃。他每天手扶汉朝的符节牧羊，晚上睡觉也带在身边，时间长了，符节上的牦牛毛都掉光了。苏武就这样在气候恶劣寒冷的无人区过着异常艰苦的生活。五六年之后，单于的弟弟於轩王到北海打猎，见到了苏武。苏武已经学会了自己编织打猎用的网，还会自己做打猎用的弓弩。於轩王非常佩服苏武，赐给他衣服和食物。又过了三年多，於轩王再次赐给苏武牛羊牲畜、帐篷以及吃穿用度等物品。但不久后，於轩王就因病去世了，他手下的部众也都迁徙了。这一年的冬天，丁令部落的人偷走了苏武的牲畜，苏武再度陷入了困境中。

起初，李陵和苏武都在汉朝做侍中。与苏武一样，匈奴也是李陵个人命运的转折点。李陵是飞将军李广的长孙，善骑射，礼贤下士，汉武帝认为李陵颇有李广之风。天汉二年（公元前99年），汉武帝派遣李陵为在前线抗击匈奴的李广利将军所率大军护送粮草。心怀壮志的李陵主动请愿独当一面，仅率五千步兵直击匈奴王庭。汉武帝允诺了，派李陵率五千步兵进攻匈奴。但是，李陵孤军深入，在浚稽山遭遇到单于主力，遭到匈奴三万骑兵的包围。李陵号令步兵排开阵营，前排拿着戟和盾，后排用弓和弩，命战士们击鼓进攻，鸣金收兵。在李陵的号令下，匈奴三万骑兵难挡汉军攻势，损失了数千骑兵。单于大怒，就近招来八万骑兵围歼李陵。李陵虽有胆有谋，但无奈寡不敌众，苦战数日，最终全军覆没，李陵也被匈奴俘

古道西风
Gudao Xifeng
一口气「走」完丝绸之路（青少版）

获。汉武帝听说李陵投降匈奴，而且又听信了李陵为匈奴练兵的谣言，就诛杀了李陵的亲人，这也致使李陵与汉王朝断绝了联系，最终投靠了匈奴。单于欣赏李陵的才能，将自己的女儿嫁给他，并封他为右校王。李陵出征匈奴的初衷是为国效力，但匈奴一去，自己的亲人却都死在了故乡，国仇家恨在李陵的生命历程中构成了一对不可调和的矛盾。

李陵投靠匈奴恰好发生在苏武出使匈奴的第二年。身为一个降者，李陵自然无颜面见苏武。很多年过去了，苏武一直在北海边滞留，单于便派遣李陵前去探望苏武。李陵奉单于之命来到北海边，为苏武备好筵席。李陵趁机对苏武说："终不得归汉，空自苦亡人之地，信义安所见乎？前长君为奉车，从至雍棫阳宫，扶辇下除，触柱折辕，劾大不敬，伏剑自刎，赐钱二百万以葬。孺卿从祠河东后土，宦骑与黄门驸马争船，推堕驸马河中溺死，宦骑亡，诏使孺卿逐捕不得，惶恐饮药而死。来时，大夫人已不幸，陵送葬至阳陵。子卿妇年少，闻已更嫁矣。独有女弟二人，两女一男，今复十余年，存亡不可知。人生如朝露，何久自苦如此！陵始降时，忽忽如狂，自痛负汉，加以老母系保宫，子卿不欲降，何以过陵？且陛下春秋高，法令亡常，大臣亡罪夷灭者数十家，安危不可知，子卿尚复谁为乎？愿听陵计，勿复有云。"意思是说："你是不可能再回到汉朝的了，你白白地在荒无人烟的地方受尽苦难，你对汉王朝的忠心又有谁能看得到呢？以前你的大哥苏嘉做奉车都尉，跟随皇上到雍棫阳宫，扶着皇上的车辇下台阶的时候，不小心撞到柱子，车辕折断了，就被认为犯了大不敬之罪，于是你大哥拔剑自刎，仅赐了两百万钱就安葬了。你的弟弟孺卿跟随皇上去河东祭祀，在途中有一个宦官与驸马争船，把驸马推到河里淹死了，宦官骑上马就逃跑了。皇帝便诏令孺卿追捕宦官，孺卿追不到，害怕皇上降罪，便服毒自杀了。

我到匈奴来的时候，你的母亲就去世了，我一直送葬到阳陵。你的妻子年纪小，据说已经改嫁了。你的家里就只剩下两个妹妹、两个女孩和一个男孩。如今又过去了十多年，他们生死未卜。人生就像朝露一样短暂，你又何必苦苦折磨自己呢！我李陵当初刚刚投降匈奴的时候，惶惶不可终日，总觉得有负于汉朝，当时我的老母亲还被关在保宫，子卿你不想投降的心情不会比我更甚。现在皇上年事已高，法令无常，几十位大臣没有罪却被诛灭全家，我们的安危都难以预料，子卿你还为谁守节呢？你就听我的劝说，不要再说什么了。"

　　李陵将自己的切身经历以及苏武兄弟亲人的遭遇一一讲给苏武听，劝他不要再无谓地固执守节。但是，苏武说："武父子亡功德，皆为陛下所成就，位列将，爵通侯，兄弟亲近，常愿肝脑涂地。今得杀身自效，虽蒙斧钺汤镬，诚甘乐之。臣事君，犹子事父也。子为父死亡所恨。愿勿复再言。"意思就是：苏家父子没有什么功德，全靠陛下青睐栽培，才能升官晋爵，我们兄弟三人都是皇帝身边的近臣，我们愿意肝脑涂地为皇帝效劳。如今有了牺牲自己效忠朝廷的机会，即使面临斧钺和汤镬这样的极刑，我也心甘情愿。臣子对君王的忠诚，就像儿子对父亲的忠诚一样。儿子为父亲去死是没有怨言的。请你不要再这么说了。

　　李陵见苏武一时不可能回心转意，便不再多说。在距离长安千里之外的塞外，李陵和苏武举杯畅饮数日。临走前，李陵再三叮嘱苏武接受自己的劝说。但是苏武为汉效忠的信念不可动摇，他说："自分已死久矣！王必欲降武，请毕今日之欢，效死于前！"苏武认为自己早就已经是一个死人了，如果一定要自己归降，那么他情愿一死。李陵被苏武的一片赤诚之心所感动，乃至热泪沾襟，感叹苏武是一名义士。李陵回去后，让自己的妻子为苏武送

去了几十头牛羊。后来李陵又来到北海看望苏武。告诉苏武，边界俘虏了云中郡的一个人，说太守以下的官吏百姓都穿着丧服，汉武帝驾崩了。苏武听了，面朝南方哭号，甚至吐出血来，早晚哭丧数月之久。

昭帝即位后，过了几年，汉与匈奴和亲。汉使请求匈奴放苏武等人归汉，匈奴称苏武已经死了。后来，汉朝使节又到了匈奴，常惠向看守他的人求情，得到机会趁夜见了汉使，将这些年发生的事情如实告知汉使。常惠让汉使对单于说天子在上林苑打猎的时候射中了一只雁，大雁脚上系着一封书信，说苏武在北海边荒无人烟的地方。汉使非常高兴，就将这话转达给单于。单于听了很惊讶，环顾左右，不得已之下才说苏武确实还活着。苏武这才得以从北海回来。

苏武返回后，李陵设了筵席款待苏武，对苏武说："今足下还归，扬名于匈奴，功显于汉室，虽古竹帛所载，丹青所画，何以过子卿！陵虽驽怯，令汉且贳陵罪，全其老母，使得奋大辱之积志，庶几乎曹柯之盟，此陵宿昔之所不忘也。收族陵家，为世大戮，陵尚复何顾乎？已矣！令子卿知吾心耳。异域之人，壹别长绝！"意思是说，如今苏武回来，在匈奴留下了美誉，对汉室立下功劳，史书上所记载的、画卷上所画的英雄人物，又有谁能比得上你呢！我李陵虽然胆怯，但假如汉朝能够赦免我的罪过，不杀我的老母亲，令我在奇耻大辱之下实现如同曹柯之盟（鲁国在和齐国的战争中失败，鲁国请求割地签订盟约，齐桓公答应了。在两国君主签约的时候，曹沫拔出匕首劫持齐桓公，让齐桓公归还侵占的鲁国的土地，齐桓公被迫答应。）那样的志愿，这是我之前一直念念不忘的。可是汉室杀了我全家，我还顾虑什么呢？罢了，让子卿了解我的心意吧。你我已是异国之人，今日一别，如同永诀！

这是李陵和苏武的最后一次相见。说罢，李陵载歌载舞，唱道："径万里兮度沙幕，为君将兮奋匈奴。路穷绝兮矢刃摧，士众灭兮名已聩。老母已死，虽欲报恩将安归！"

二人拜别后，单于召集了苏武的部下，除了去世和招降的，剩下九人与苏武一同归汉。始元六年（公元前81年）的春天，滞留在匈奴十九年之后，苏武终于回到了长安。当初苏武出使匈奴的时候正值壮年，回来的时候头发胡子已经全白了。昭帝诏令苏武前去拜谒武帝的陵墓和祠庙，让苏武任职典属国。至汉宣帝神爵二年（公元前60年），苏武以八十多岁的高龄病逝于长安。

在西汉时期，张骞打通了西域的通道，西汉与匈奴之间开始了使者往来，丝绸之路自此诞生。但是，由于当时西汉与匈奴之间的力量还不对等，西汉的兵力不足以抗衡匈奴，所以西汉与匈奴还处在不完全平衡的状态下。随着局势的变动，时常会出现双方的使节被扣留的情况，丝绸之路也时常被阻断。如同苏武、李陵这样被滞留在匈奴的人还有很多。丝绸之路不仅是一条经济交流和文化交融的道路，也是一条考验个人意志的道路。很多人曾经在这条道路上遇到了人生的转折或变故，他们做出了自己的抉择和贡献。

李陵碑

　　李陵在西汉历史上是一个充满争议的人物，他的一生充满悲剧色彩。宋代词人辛弃疾在《贺新郎·别茂嘉十二弟》中写李陵及苏武的故事："将军百战身名裂。向河梁、回头万里，故人长绝。"以此为李陵一生写下了悲怆的注解。

　　明代小说《杨家府演义》，是以北宋时期杨业抗辽为基础创作的演义小说。书中主人公杨业在被契丹围困时，头触李陵碑而死。小说以此来表达杨业宁死不屈，不愿学李陵投降匈奴。这一故事后来亦成为戏曲剧目，在民间广为流传。

037

第二章

西域往事

第二章

书生的故事

龙飞光武——刘秀建功定西域

汉家炎运中微，坐令闰位余分据。南阳自有，真
人膺历，龙翔虎步。初起昆城，旋驱乌合，块然当
路。想莽军百万，雄旗千里，应道是、探囊取。

豁达刘郎大度。对劲敌、安恬无惧。提兵夹击，
声喧天坏，雷风借助。虎豹哀嗥，戈鋋委地，一时休
去。早复收旧物，扫清氛祲，作中兴主。

——李纲《水龙吟·光武战昆阳》

　　西汉王朝经过了几代皇帝的努力，在汉宣帝时期，平定了北部匈奴边扰。公元前60年，西汉王朝设置西域都护府，将西域纳入管辖范围内。至公元前51年，匈奴呼韩邪单于在甘泉宫朝觐汉宣帝，向西汉称臣，并迎娶了西汉宫女王昭君。汉与匈奴的和亲使得此后双方维持了将近四十年的和平。

　　至西汉末年，当时汉平帝年幼，无力执政，太后委托王莽处理政务。王莽摄政后，完全掌握了汉王朝的大权。当时，随着匈奴实力增长，西汉对匈奴的控制力已经开始下降。不仅如此，西汉与乌孙、车师等西域国家的关系也出现了一些不稳定因素。在这样的局面下，王莽采取了一系列的政策，努力营造"四夷皆服"的景象，

王昭君

王昭君是西汉元帝时期的和亲宫女。公元前33年，匈奴呼韩邪单于来朝，请求和亲。汉元帝就将王昭君嫁给了呼韩邪。那年本应是建昭六年，但由于昭君出塞对于西汉与匈奴之间的关系具有重大的意义，汉元帝便下令改元，改为竟宁元年。《汉书》记载了汉元帝的诏书："呼韩邪单于不忘恩德，向慕礼义，复修朝贺之礼，愿保塞传之无穷，边陲长无兵革之事。其改元为竟宁。"王昭君到了匈奴之后，被称为"宁胡阏氏"。她将汉文化传播到了匈奴，亲手教匈奴妇女纺纱织布，播种谷物，促进了中原王朝与边疆少数民族之间的文化交流。王昭君与呼韩邪育有一子。但自出塞三年后，呼韩邪去世，依照匈奴的习俗，王昭君再次嫁给了呼韩邪单于的长子。昭君出塞为巩固西汉与匈奴之间的关系做出了重大的贡献。王昭君成为文人赋诗吟咏的对象，留下了许多诗词歌赋。昭君出塞也成为家喻户晓的故事。

意在为他日后的称帝奠定政治基础。

首先是对匈奴颁布禁令。这是通过对车师的打击而完成的。当时驻守在车师的戊己校尉名叫徐普，他想要开辟一条新的丝路，从车师后国直接通往玉门关，这样可以减少一半的路程。但是，这一计划遭到了车师王姑句的拒绝。为实现目的，徐普便将姑句监禁。后来姑句逃走，投奔了匈奴。在匈奴接受了姑句的来降之后，王莽就对匈奴颁布了四条禁令：中国人亡入匈奴者，乌孙亡降匈奴者，西域诸国佩中国印绶降匈奴者，乌桓降匈奴者，皆不得受（投降匈奴的中原人、乌孙人、接受汉王朝册封的西域诸国首领、乌桓人，匈奴不得私自接收），意图削弱匈奴对西域的控制力。最终，尽管单于向使者求情赦免姑句的罪责，王莽仍然决定将姑句"斩首示众"。

接着，王莽派使者带着重金贿赂匈奴单于，让单于更名。此外他又收买西方边地，让他们向汉王朝献地。王莽的这些行为营造了一个"四夷皆服"的表象，但是，这种局面实际上都是通过金钱收买而实现的。因此，他的这些策略实际上为西汉末年藩属体系的瓦解埋下了祸根，一场潜伏着的危机正在悄然生长。

公元9年，王莽废汉帝自立，建立新朝。称帝之后的王莽立即推行了一系列的新政，急于确立新朝的绝对权威。王莽派使者携带财物送给单于，告诉单于现在是新朝的天下了，更换了单于印。单于印原来的刻字是"匈奴单于玺"，改为"新匈奴单于章"，由"玺"改成"章"。后来，匈奴去乌桓索要"皮布税"不得，乌桓王说"奉天子诏条，不当予匈奴税"。匈奴大怒，便开始袭扰乌桓民众。王莽原本打算通过这些政策削弱匈奴对西域诸国的控制力，但事与愿违，反而导致边地及西域地区饱受匈奴的袭扰，新朝和匈奴的关系岌岌可危。

于是王莽又主张武力进攻匈奴，并在匈奴设立十五个单于，计划用分化瓦解的策略分而治之。但这些策略最终都不了了之，没能得到彻底的实施。政策的不断反复反而导致了新朝与匈奴之间关系愈加恶化。尽管在须卜居次云（王昭君与匈奴单于之女）的斡旋下曾有过短暂缓和，可是匈奴对新朝所产生的嫌隙并没有消失，反而日趋白热化。

后来，王莽杀了匈奴留在长安的质子，又对单于谎称他的儿子还活着，这终于激怒了单于，汉匈关系一度决裂，匈奴开始在边塞发动袭扰。王莽计划派遣三十万大军攻打匈奴，乌桓、高句丽等地的边疆民族部队也被征调。但是王莽久屯不战，引起了西域诸国的不满。乌桓、高句丽、夫余纷纷反叛。自西汉建立起来的西域藩属体系彻底瓦解，新朝危机四伏。

新朝末年，由于王莽"新政"的失败以及官民冲突的加剧，导致社会矛盾激化，民怨沸腾，各地叛乱四起。最终演变成了全国范围的大起义，呈现燎原之势。反抗军声势浩大，势力日盛，形成了绿林、赤眉两支主要力量。随着昆阳之战中王莽的军队主力被起义军击败，新朝再也无力抵抗起义军的进攻，走向了灭亡。

公元23年，亦即新朝地皇四年，在这一年的十月，绿林军攻入长安，王莽在混战中死于渐台。这一年，绿林军将领拥立西汉宗室刘玄为帝，建元"更始"，然而，这场战争却并没有因此而结束。当时王莽新朝虽然已经覆灭，但是河北的势力并未归附，刘玄便派大司马刘秀平定河北。刘秀趁机在河北韬光养晦，积蓄势力。公元25年，刘秀在众将的拥立下在河北称帝，建元建武。在随后的十二年中，刘秀经过不断东征西讨，平定了各地的反对势力，最终一统天下，建立了东汉王朝。

与他的先祖刘邦相似，刘秀以坚忍和开明的性格著称于世。他在位的33年中，始终励精图治，致力于恢复汉王朝曾建立的一系列制度，国家逐渐从战争的创伤中复苏。在他死后，谥号定为"光武"，这似乎是他一生勤恳与奋武的真实写照。

但是，彼时的东汉王朝相较西汉时期而言，国力已大不如前。经过了长年的战乱，东汉建立初期，政局尚未稳定，无暇顾及西域，西域诸国与中原王朝断绝往来，重新役属匈奴，西域从此不通——尽管仍有如莎车等国一再派遣使者请求东汉王朝在西域地区派遣都护，但彼时的东汉王朝国力还未从战争中复苏，因此并未应允这一请求。在长达半个多世纪的时间中，西域与中原隔断，不通消息。

图 6 （唐）阎立本《历代帝王图》局部——刘秀画像

由于汉王朝势力的退出，西域不再有统一的领导者。诸国之间的战争不断，实力相对强大的国家走上了兼并称霸的道路。最具有代表性的就是莎车，莎车最初一心向汉，遣使请求东汉政府派遣西域都护，刘秀起初打算赐莎车王西域都护印，却因故未能实现，莎车由是怨恨，转而走上了兼并西域诸国的道路。莎车的势力逐渐强大，它一度吞并了龟兹、于阗等国家。

这一时期，由于东汉王朝尚未完全统一，无力兼顾西域地区，由是匈奴趁机插手西域。当时，于阗联合倒戈的莎车相且运等人向莎车反攻，匈奴乘机出兵"讨伐"于阗，并立莎车留在匈奴的质子为莎车王。随即于阗又将匈奴拥立的莎车王杀害，多方势力在西域混战不止。

在当时的西域，汉王朝的威望和势力已经大不如前，对于西域的控制力也已经弱化。在这样的局势下，匈奴进一步加紧了对西域的控制，随着匈奴的实力增强，西域诸国纷纷归附匈奴，于是匈奴力量日盛。至汉明帝永平年间，匈奴开始不断南下袭掠河西州郡，杀略甚众，以致这些地方在白天也紧锁城门。此时的东汉王朝终于决定转变此前数十年以来对西域的政策，重新打通连接西域的道路，消除来自西域与匈奴的影响。从永平十五年开始，汉明帝派遣汉军出屯凉州，准备北伐。东汉制订了明确的"北伐计划"：先击白山（天山东端），获伊吾，破车师，再联合乌孙诸国，断匈奴右臂，最后集中兵力出击匈奴左部。

古道西风
Gudao Xifeng
一口气「走」完丝绸之路（青少版）

永平十六年（公元 73 年）春，正是西域水草丰美的季节，汉明帝派遣祭肜、窦固等将领各自率领汉军数万，出征匈奴。窦固率军至天山，一战击败匈奴呼衍王，占领伊吾卢地（今新疆哈密）。呼衍王逃跑，窦固一路追至蒲类海。这是东汉军首次进入西域，窦固的军功可以和霍去病相媲美。

伊吾是连通西域的要塞，而且更重要的是这里土壤肥沃，适宜种植五谷、桑麻和葡萄。窦固战胜呼衍王之后，就在这里留下了士兵进行屯垦。

此战之后不久，于阗等国纷纷向东汉王朝派遣质子，归顺东汉。断绝往来长达 65 年的中原与西域，终于再次恢复联系。第二年的冬天，东汉便在西域设置了西域都护和戊己校尉。

但东汉王朝在西域的统治并不稳固，和平的局面仅仅维持了一年。随着次年汉明帝驾崩，西域诸国再度陷入混乱之中：北匈奴趁机说服龟兹、焉耆等国攻击西域都护，北匈奴和车师在柳中围困戊己校尉。刚刚建立起来的西域藩属体制被轻易击破。新继位的汉章帝无暇顾及西域，便撤回了戊己校尉，不再派遣西域都护。不仅如此，第二年，在伊吾城的屯兵也被撤回了。西域又回到了北匈奴的掌控之下。此后的十几年，西域与东汉断绝，初见曙光的丝绸之路也再次被阻断。

古老的商道被阻隔，残酷的战乱四起，长年的动荡使得西域几成焦土。正是在这样的时代背景下，一位年轻的书生，放下了手中的纸笔，穿上一身戎装，沿着丝绸之路开始了自己的旅程。他即将在这条道路上度过自己的一生——在未来短暂而不凡的三十年中，他终将把丝绸之路的历史引上另一个方向。

第二章

书生的故事

投笔从戎——班超壮志赴疆场

男儿何不带吴钩，收取关山五十州。
请君暂上凌烟阁，若个书生万户侯？
——李贺《南园十三首·其五》

永平十六年（公元73年），一个名叫班超的年轻人的出现，打破了西域地区持续数十年的僵局。班超，字仲升，扶风郡人，是东汉史学家班彪最年幼的儿子。他的兄长班固和妹妹班昭，都是东汉时期的史学家。和他的父兄一样，班超在青年时期也曾熟读经史。永平年间，班超的哥哥班固去京城洛阳做校书郎，班超和老母亲也跟随班固来到京城。因家境贫寒，班超为官府抄写公文维持生计，奉养老母亲。《后汉书·班超传》中说，班超并不甘心一生

图 7　班超雕像

埋首书案，而是心怀大志。他说："大丈夫无它志略，犹当效傅介子、张骞立功异域以取封侯，安能久事笔研闲乎？"在场的同僚都大笑不止，嘲笑他白日做梦。班超却不以为意，只是说："小子安知壮士志哉！"可见，青年时的班超已经树立了沙场建功的志向。傅介子、张骞两人都是西汉时期著名的使者，出使西域建立了功业。班超以这两人为学习的榜样，并且明确了自己的定位。班家世代书香，却注定要出一个武将。

知识链接　扩展阅读

傅介子

傅介子是西汉时期的一位著名的外交家。《汉书》记载了他主动请愿出使西域的事迹。汉昭帝时期，龟兹、楼兰发生过联合匈奴杀害汉朝使官的事情。到了元凤年间，傅介子请求出使大宛。到了楼兰之后，便责备楼兰王联合匈奴杀害汉朝使官的行为，楼兰王表示服罪。傅介子到了龟兹之后，龟兹王也表示服罪，并告诉傅介子匈奴使者从乌孙返回正在龟兹。傅介子便率领士卒杀了匈奴使者，回京复命后受到了汉昭帝的嘉奖，后被封为义阳侯。

后来一次偶然的机会，皇帝问班固：你弟弟班超在做什么？班固说他在抄公文。皇帝便让班超做了兰台令史，这是一个掌管奏章和文书的职位。与班超之前做的事一样，也是与文书打交道。如果不出差池，班超将很有可能沿着父亲班彪、哥哥班固的道路，成为记载千秋之事的史学家。可不久之后，班超却因为他事连坐而被免职。

永平十六年，时任奉车都尉的窦固率兵攻打匈奴，起用班超任职假司马（代理司马）。这位书生终于等到了实现志向的机会，开始了他投笔从戎的人生轨迹。此后，班超的命运之途就在西域展开。这位书生一到军营就展露出惊人的军事才能。他率兵挺进伊吾，在蒲类海附近与北匈奴展开了激烈的交战，杀了北匈奴军的将领，战果丰硕。窦固欣赏班超的才华，派遣他跟随郭恂出使西域。蛰伏多年的英雄终于有了用武之地。

班超首先出使鄯善，鄯善原本是楼兰国，于公元83年改为鄯善。鄯善距离阳关一千六百里，路途遥远，所以此次出使可谓千里跋涉。鄯善王起初对待班超恭敬备至，礼数周到，之后却突然转变了态度，变得极为冷淡。班超料定这是因为北匈奴也派了使者到鄯善，鄯善王在从属东汉还是北匈奴之间犹豫不决，他对待汉使的态度也随之转变。班超找来接待他们的鄯善侍者，佯装知道了匈奴使者到来的事情，问侍者："匈奴使来数日，今安在乎？"侍者惊恐失色，交代了实情。

班超把鄯善侍者关起来，以免走漏风声，然后设宴召集36位部下。在酒过三巡之际，班超趁机鼓舞士气，众部下一致表示愿听从班超调遣。班超凛然道："不入虎穴，焉得虎子？当今之计，独有因夜以火攻虏，使彼不知我多少，必大震怖，可殄尽也。灭此虏，则鄯善破胆，功成事立矣。"他认为现如今最好的对策莫过于趁夜色火烧匈奴使者居所，对方并不知晓来人究竟有多少，必然会大为惊恐，乱作一团，可趁机将其全部杀掉。只要杀了匈奴使者，鄯善王自然会受到震慑，进而归顺朝廷。

班超将其中利害一一表明，但其中几个部下觉得此事重大，应与从事郭恂商议。班超慷慨说道："吉凶决于今日。从事文俗吏，闻此必恐而谋泄，死无所名，非壮士也！"班超认为郭恂生性软弱，听闻此事必将惊恐，不但此计将会泄露，连我们的性命也难保，成败在此一举。这一席话终于打消了部下的疑虑。

那天夜里起了大风。班超让十个人拿着鼓，隐蔽在匈奴使者营房后，告诉他们见到火燃起来就鸣鼓大呼。剩下的人都拿着刀枪弓弩埋伏在大门两侧。班超则顺着风向点燃大火。刹那间，匈奴使者营房前火光冲天，后面则锣鼓呐喊声骇人心魄。正如班超预料的那样，匈奴使者乱作一团。班超身先士卒，当即杀了三个使者，其部下也杀了三十几个使者和侍从。

次日，班超回到驻地将此事禀报给郭恂，郭恂非常吃惊，继而面色大变。班超甚解其意，便告诉郭恂虽然他没有参与此事，但自己绝对不会独享这份功劳的。班超面见鄯善王，将匈奴使者的头颅拿给他看，鄯善王大惊失色，整个鄯善国都被震慑了。鄯善王最终表示愿意归附东汉朝廷，并且将自己的儿子送到东汉朝中做质子。

班超完成任务后回来，将出使始末禀报窦固。窦固非常高兴，并且把班超出使鄯善的经过和取得的成绩上奏给汉明帝，并请求再另选使节出使西域。汉明帝看了窦固的奏折，很赏识班超的外交能力，认为他是一个不可多得的人才，便下诏书给窦固："吏如班超，何故不遣而更选乎？今以超为军司马，令遂前功。"（有班超这样的使臣，为何不用还要再选别人呢？可以让班超担任军司马，让他继续出使西域，接着完成出使西域的任务。）就这样，班超得到了第二次出使西域的机会。

快要出发的时候，窦固觉得班超手下的人太少了，想要多给他派一些人马。班超却认为只要原来跟随他的三十几人就够了。出使西域的路上多有不测，如果发生意外的事件，人多了反而更累赘。能做到如此地轻装上阵，可见班超对于出使西域胸有成竹。

第二次出使西域，班超首先抵达了于阗。之所以选择于阗作为第一站，是因为当时的于阗刚刚大败莎车，成为天山南道的新任霸主，正所谓擒贼先擒王，如果能让于阗归顺，自然也就会在天山以南的辽阔西域产生巨大的影响。

班超刚刚到达于阗的时候，胜利所带来的兴奋余热在于阗还没有散去。于阗国王对于东汉到来的使者并不放在眼里，在礼节上比较怠慢。班超觉察到了这一切，或者说这正是班超所预料到的情形。当时的于阗国巫风盛行，巫师对国王说：为什么想要归顺汉朝呢，你们这样做天神都发怒了。汉朝派来的使节有一匹好马，嘴是黑的，毛是黄的，快把这匹马找来给我，作为天神的祭礼。于阗王便马上派人向班超索要那匹马。班超早就了解事情的详情，不动声色地答应了于阗王的请求，但他有一个条件，就是要让巫师亲自来取马。过了一会儿，巫师就来了。刚一见面，班超立即挥刀砍下巫师的头颅。然后，班超提着巫师的首级去送给于阗王，向其说明利害。

班超与于阗王具体是如何交谈的，史书并无记载，但可以确定的是，班超的游说取得了非常好的效果。再加上于阗王对班超在鄯善的事迹也有所耳闻，十分惶恐。在权衡之下，于阗王最终决定归顺东汉，并斩杀了匈奴留在于阗的使节。于阗就这样被班超镇抚。

第二年的春天，班超一行从小道来到疏勒。疏勒是龟兹西边的邻国。在东汉时期，疏勒、龟兹、鄯善、于阗都是西域的大国。匈奴拥立建为龟兹王，当时的龟兹依仗匈奴的扶持，称霸天山北端。龟兹进攻疏勒，杀了疏勒王，又立了龟兹人兜题为疏勒王。兜题并非疏勒人，却做了疏勒国的国王，疏勒人定是不服气的，但苦于龟兹与匈奴的双重压力，不敢反抗。班超此次出使疏勒，也是志在必得。班超走到距离兜题居住的磐橐城九十里的地方便停下了，并派手下的小吏田虑前去招降兜题。班超对田虑说："兜题本非疏勒种，国人必不用命。若不即降，便可执之。"（兜题并非疏勒人，国民肯定不会为了他尽忠受命的。如果兜题不愿意投降，就把他抓起来。）

古道西风
Gudao Xifeng
一口气「走」完丝绸之路（青少版）

很快，田虑就到了磐橐城，见到了兜题。兜题看田虑区区一人前来，势单力薄，丝毫没有投降的意思。趁众人不备，田虑迅速上前把兜题绑了。兜题手下的人见状惊慌不已，纷纷逃窜了。田虑骑快马向班超复命，班超立即赶到磐橐城。班超把疏勒的将吏全部召集起来，言辞恳切地痛陈龟兹之前对疏勒国所做的各种不道行径，疏勒文武官员皆为之动容。被龟兹杀掉的疏勒王还有一个侄儿叫忠，班超趁势宣布立忠为疏勒王。在场的文武全都拥护班超的决定，疏勒人受龟兹的压制无法反抗，现在借助班超的力量，终于驱赶了龟兹派到疏勒的统治者，这样的结局皆大欢喜。

新立的疏勒王想为先王报仇雪恨，便请求班超杀了兜题。班超则认为，此时杀了兜题意义不大，不如把他放了，好让龟兹明白汉朝的宽仁与恩典。最终兜题被遣返龟兹。疏勒自此归顺东汉王朝。但是这次的事件也让疏勒与龟兹结了怨。

疏勒归顺之后不久，汉明帝驾崩。焉耆趁东汉举国大丧之际举兵反叛，攻杀了西域都护陈睦。这让驻扎在疏勒的班超孤立无援，处境艰难。龟兹因与疏勒结怨，便借此机会联合姑墨多次进攻疏勒。班超驻守盘橐城，与疏勒王忠首尾呼应。虽然军力单薄，班超仍然在疏勒坚持了一年之久。

汉章帝即位初年，东汉发生了严重的旱灾，无暇顾及西域，认为都护陈睦已经去世，班超在西域无力支撑，便下诏让班超归汉。据《后汉书》的记载，班超出发归汉的那天，整个疏勒国都陷入了恐慌和哀痛之中。疏勒都尉黎弇对班超说："汉使弃我，我必复为龟兹所灭耳。诚不忍见汉使去。"（汉使弃我们而去，疏勒必将遭龟兹灭亡。我真的不忍心看着汉使离去。）说完，黎弇便自杀了。班超回去的路上经过于阗，于阗的王侯将相乃至平民百姓都在哭号："依汉使如父母，诚不可去。"众人都抱住班超马车的马腿苦苦挽留，班超没办法再前行。

如今我们再看到这段史书记载，也能够感受到班超在西域强大的影响力和号召力。疏勒和于阗的百姓之所以如此挽留班超，一方面是由于班超个人的德行和才干，另一方面也是唯恐失去东汉的支持，而陷入匈奴的围攻之中。从班超的早年经历来看，他既然决定了投笔从戎，选择一条与家族不同的人生道路，就必然立下了坚定的志愿，想要在西域建功立业。于是，班超行至于阗便停下了，冒着违抗君命的风险继续留在了西域。他重新回到了疏勒，开始重整局势。

在班超离开疏勒后，疏勒的两座城就向龟兹投降了，而且与邻近的尉头国部队联合，准备谋反。班超回来疏勒后，首先处理了反叛者，接着进攻尉头国。经过班超的整饬，疏勒重新恢复安定。

当时，班超在西域的作为使得东汉与鄯善、于阗、疏勒都建立了藩属关系。尽管局势动荡，但经过班超多年的经营，事实上东汉已经在西域建构起了良好的统治基础。而这仅仅是班超打通西域的第一步。又经过了两年的努力，拘弥、莎车、月氏、乌孙、康居都愿意归附东汉，唯独焉耆与龟兹不愿归顺。班超认为时机已经成熟，可以使用武力征服龟兹了。

但是，当时龟兹的势力仍然十分强大，于是班超首先将矛头对准了龟兹的邻国姑墨。姑墨在龟兹以西，当时的姑墨国即是由龟兹拥立的，是龟兹的重要助力。一旦姑墨被平定，就为出兵龟兹扫清了障碍。

建初三年（公元 78 年），班超率领疏勒、康居、于寘、拘弥士兵共一万人，攻破了姑墨石城，将龟兹彻底孤立。班超打算趁势平定西域诸国。但仅仅依靠已经归附东汉的西域国家的军事力量显然是不够的，于是班超就决定上书请求汉章帝派兵。

班超在奏折中首先陈述了汉明帝的遗志。他指出，汉明帝晚年开始经营西域，派遣使者，鄯善和于阗首先归附。之后，汉明帝又派窦固出兵攻打匈奴，成功地将西域纳入汉朝版图。回顾了汉明帝重开西域的壮举之后，班超接下来说明西域的现实局势：拘弥、莎车、疏勒、月氏、乌孙、康居都愿意再次归附汉朝，而且有意愿联合攻破龟兹，使丝绸之路恢复畅通。班超认为，如若攻破龟兹，那么几乎整个西域都将归附汉朝，再次打通西域指日可待。班超言辞恳切地说："臣伏自惟念，卒伍小吏，实愿从谷吉效命绝域，庶几张骞弃身旷野。"（臣虽然只是军中的一员小吏，但是心中非常想像谷吉那样在边境为国效力，像张骞那样在旷野为国捐躯。）班超又说，作为一个小国大夫的魏绛都能与他处订立盟约，更何况我身上背负着大汉的威严，就不能发挥如一枚铅刀的作用吗？前汉的谋士们在谈到西域问题时皆称夺取西域三十六国，就相当于断了匈奴右臂。而如今的西域诸国，就算是非常遥远的小国，没有不愿意归附汉朝的，自愿朝贡的大国、小国络绎不绝。唯独焉耆、龟兹不愿意归附。之前，臣与属官三十六人奉命出使西域，遭遇了艰难险阻，从独守疏勒至今已经五年了，可以说对于西域胡人的情况，我非常地熟悉。我曾经问过大小城郭的人对于汉朝的认识，他们说依靠汉朝就像依靠天一样牢固，以此来看，葱岭是可以打通的，葱岭一通，那么就可以进攻龟兹。接着，班超向皇帝献上计策：此时应该封龟兹质子白霸为龟兹国王，派几百骑兵护送他回国，与西域诸国合作，用不了多久，龟兹便可攻破了，因地制宜，这是最好的上策啊。另外，与敦煌、鄯善的贫瘠不同，莎车、疏勒一带土壤肥沃，水草丰茂，牧场众多。所以士兵驻扎在这里可以就地取食，而不用花费汉朝的军粮。姑墨、温宿两个国家的国王是龟兹所立，既然国王本是异族人，那么姑墨、温宿两国的国人必将对其国王有所怨恨和厌弃，那么就有可能对其招降。如若两国来降，那么失去助力的龟兹也就自然被攻破了。

　　班超的奏折严谨地分析了西域的局势，立下了可以实现的目标，并且提出了具有可行性的计划、策略。汉章帝看了班超的奏折之后，认为班超是可以成就西域之事的，便要调拨士兵给班超。此时，平陵人徐干与班超向来志同道合，便毛遂自荐，愿辅佐班超。汉章帝应允，命徐干为假司马。建初五年，徐干率领一千士兵前往西域，增援班超。

万里封侯——西域诸国重归附

三十六人抚西域，六头火炬走匈奴。

古今参合坡头骨，尽是离披见鹘乌。

——陈普《咏史上·班超》

第二章 书生的故事

建初五年（公元 80 年），徐干奉命率兵抵达西域与班超会合。原本答应班超出兵龟兹的莎车国，以为东汉不会派兵，于是倒戈投降了龟兹。紧接着，疏勒都尉潘辰也叛变投敌。与徐干会合之后，班超首先出击潘辰，取得了很大的胜利，并且俘获了许多士兵。一场战事得以平息。

班超击败潘辰之后，便打算直接进攻龟兹。可是依照此时东汉所派遣的一千兵力，要击败龟兹，无异于以卵击石。班超就向汉章帝上书献计，联合乌孙进攻龟兹。

乌孙是一个大国，军事实力较为雄厚，拥有十万精兵。汉朝与乌孙的关系源远流长，在汉武帝时期，西汉就曾与乌孙联姻，将江都王刘建的女儿细君以公主的身份嫁给了乌孙王猎骄靡。细君成为乌孙右夫人。与乌孙联兵之事，西汉早已为之。在汉宣帝时期，匈奴频繁袭扰乌孙，意图隔绝乌孙与西汉的联系。乌孙向天子上书，请求西汉出兵支援。最终，汉宣帝派出了十五万骑兵，乌孙则派遣五万骑兵，一同攻破匈奴。

根据西域的局势现状，以及西汉与乌孙联兵的历史背景，班超做出了一个大胆而明智的举措——借助乌孙，击破龟兹。这一举措获得了汉章帝的支持。东汉派遣使者出使乌孙，并且说服乌孙出兵攻打龟兹。三年后，班超奉命为将兵长史，徐干升职为军司马。另外汉章帝又派遣李邑护送乌孙使者，出使乌孙。乌孙大小昆弥及以下的官员都得到了赏赐的锦帛。

就是在这次出使乌孙时，发生了一件令班超始料未及的事情：并非每个来到西域的人都如同班超那样怀着满腔抱负，慨然面对当时西域的环境艰苦，李邑在西域的所作所为就与班超截然不同。李邑经过于阗的时候，恰好碰到龟兹进攻疏勒，他被战火连天的景象吓坏了，唯恐殃及自身，不敢再继续前行。奉命护送乌孙使者的李邑，思来想去，找到一个停止前进的极好借口。李邑向汉章帝上书称出使西域的计策是不可能成功的，而且还说班超已经在西域娶了胡人妻子，还生了儿子，享受着安乐生活，已无心向汉朝宗室效忠。

班超在听说了这件事情以后，仰天长叹："身非曾参而有三至之谗，恐见疑于当时矣。"（我虽然不是曾参却有这么多的谗言，可见有人要怀疑我了。）班超当即让妻子和儿子离开。所幸的是汉章帝并没有听信李邑的谗言，反而斥责李邑："纵超拥爱妻，抱爱子，思归之士千余人，何能尽与超同心乎？"（即使班超在西域有了妻子，儿子，那么思乡心切的一千士兵为何会死心塌地地跟随他呢？）汉章帝还命令李邑听从班超的调遣。班超便派遣李邑带着乌孙质子回京。

徐干对班超的决定大为不解，对他说：李邑曾上书诽谤你，企图阻碍你在西域的功业，你不顺着诏书的意思将他留在西域，怎么反而放他走了呢？班超则说：你这么说也真是没见识！正因为他诽谤我，我才要让他回京。既然我对汉室忠心耿耿，又怎么会害怕这些流言蜚语呢？因为他诋毁我，我就要把他留下以示报复，这不是大丈夫所为。

第二年，汉章帝命令假司马和恭等四人率领八百士兵前往西域支援班超。班超派遣疏勒、于阗的士兵进攻莎车。莎车暗中派遣使者携带金银财宝会见疏勒王，施以笼络。于是，疏勒王被莎车策反，发动了进攻，占据了乌即城。疏勒王的叛变打乱了班超的作战计划。班超立疏勒的府丞成大为新疏勒王，调遣没有跟随前疏勒王叛变的疏勒军进攻乌即城。但是，班超进攻乌即城长达半年之久，都没有拿下。不巧康居国派遣精锐士兵前来救援前疏勒王，班超更加难以破城。依照彼时的局面，强行攻打不但无法成功，而且还将损兵折将。班超再次施展了自己的外交技能。那时候大月氏和康居两国交好，而且还通了婚。班超派遣使者携带金银帛锦送给大月氏王，并请大月氏王说服康居撤兵。最终游说成功，康居撤兵，并且将前疏勒王一起带走。乌即城随即投降，班超不战而胜。

三年后，前疏勒王打算卷土重来，向康居王借了些人马，驻扎在损中，等待机会。前疏勒王与龟兹秘密商议，决定让龟兹国派遣使者向班超诈降，他则带兵偷袭。班超接受了龟兹使者的投降。得到消息的前疏勒王非常高兴，以为计谋奏效了，便轻装上阵，仅仅带着几个随从，就来见班超。班超大设宴席，并且安排歌舞助兴，款待前疏勒王。正在觥筹交错之间，班超便命令小吏绑了前疏勒王，并杀了他，趁机攻打他的部众。从此，西域的南道恢复了畅通。

扫平了疏勒的障碍，接下来可以集中兵力对付龟兹的前哨——莎车。第二年，班超就调遣于阗等国的兵力共两万五千人，进攻莎车。龟兹则派遣左将军率领五万人分别从温宿、姑墨、尉头出发，前往莎车救援。龟兹所派的兵力是班超的两倍，很明显，班超再次

第一章　书生的故事

面临敌强我弱的形势。班超召集各位将领与于阗王一起商议战事，他说："今兵少不敌，其计莫若各散去。于阗从是而东，长史亦于此西归，可须夜鼓声而发。"（如今我们的兵力较弱，不能与龟兹匹敌，不如撤兵，各自散去。于阗王从这里往东走，徐干从西边回去，夜里听到鼓声，就可以行动了。）班超让部下放松了对龟兹俘虏的管制，俘虏逃回龟兹，将此次商议的内容告知了龟兹王。龟兹王闻讯非常高兴，亲自率领一万骑兵去西边围堵班超，还命令温宿王率八千骑兵从东边围堵于阗。龟兹王和温宿王带走了精锐兵力，留在莎车的军力毫无戒备。班超秘密召集诸部，同时出发，在凌晨时刻，举兵夜袭莎车大营，尚在睡梦中的敌军阵脚大乱，如无头苍蝇般争相逃窜。班超率军追杀五千余人，缴获了大量的牲畜和财物。莎车投降，龟兹撤兵，自此之后，班超在西域声名鹊起。

同一年，大月氏国派使者携带珍宝、符拔、狮子等供奉，前来面见班超。之前，大月氏国曾经辅助东汉攻打车师，大月氏国便因此事邀功，想要与汉朝通婚，迎娶汉朝公主。班超拒绝了大月氏王的请求，大月氏国因此对班超怀恨在心。三年后，大月氏王报复班超，派遣副王谢率领七万大军进攻班超。班超军力单薄，众将士大为惊恐。班超则胸有成竹地说："大月氏兵力虽多，但是长途跋涉，越过葱岭来到这里，要经过几千里的路程，而且运输非常不方便，粮草供应必然不足，又何必要如此担忧呢？"班超首先安抚了将士的情绪，然后做出了战略部署：只需要坚守谷仓，大月氏部队军只能坚持几十天，军粮就断绝了，到那时，敌人自然就投降了。

谢率军进攻班超，没有成功，企图搜掠粮草，也找不到一粒粮食。班超估计月氏军粮差不多断绝了，必将向龟兹寻求物资援助，便派遣几百精兵到东边的要塞地带等待。如同困兽的谢果然不出班超所料，派遣使者率骑兵，带着贿赂龟兹王的财物，前往龟兹求救。

古道西风
Gudao Xifeng
一口气「走」完丝绸之路（青少版）

早已埋伏在路上的士兵将谢的使者一众杀掉，并提着使者的头颅去见谢。谢大惊，立即派遣使者前去面见班超，只求放其一条生路。最后班超放谢回国了。经历了这次事件，大月氏王没有再来袭扰，每年都前来进贡。

第二年，龟兹、姑墨、温宿等国都投降了，西域基本平定。汉和帝任命班超为西域都护，徐干为长史，立白霸为龟兹王，派遣司马姚光护送白霸回龟兹。白霸抵达龟兹，班超与司马姚光一起废了原来的龟兹王尤利多，拥立白霸为新的龟兹王。之后，司马姚光回京，将尤利多一起带走。班超则以西域都护的身份驻扎在龟兹的它干城，徐干在疏勒屯兵。经过这一系列的举动，班超牢牢掌握了对龟兹的控制权。辽阔的西域，仅剩下焉耆、尉犁、危须三个国家没有归附汉朝的统治。因为这三个国家曾经谋杀过西域都护，面对班超心生惶恐，不敢归降。

三年后，也就是永元六年（公元94年），班超开始着手解决这三个未投降国家事宜。秋天到了，班超调遣龟兹、鄯善等八个国家的兵力共七万人，征战焉耆。大军行进到尉犁国界的时候，班超派遣使者向焉耆、尉犁、危须三个国家的首领传达意图："都护来者，欲镇抚三国。即欲改过向善，宜遣大人来迎，当赏赐王侯已下，大人谓其酋豪。事毕即还。今赐王彩五百匹。"（都护这次来的目的是要安抚三个国家。如若你们能够"改过自新"，重新归顺，你们的首领就应该亲自出面来迎接都护，如此，王侯及以下的官员都可以得到赏赐。安抚结束了，我们就会回师。今天就赏赐国王五彩丝绸五百匹。）

得到消息之后，焉耆就派左将北鞬支带着牛和酒来迎接班超。班超责备北鞬支：你本是焉耆的质子，目前掌握着焉耆国的大权，如今都护来临，焉耆国王不亲自来迎接，却派你来，这是你的罪过。有人就建议班超直接杀掉北鞬支。班超认为这样做不妥：这个人的权力大过焉耆国王，现在还没进入焉耆就先杀了他，会令焉耆王起疑心，如果他们加强防备，我们怎么能攻下焉耆的城池呢？因此，班超厚赏了北鞬支，就让他回去了。焉耆国王见北鞬支安全返回，知道班超是真心招抚，便亲自到尉犁迎接班超，并且奉献了奇珍异宝。

但是焉耆王并不想让班超进入焉耆国土。焉耆与尉犁的边界之处有一条险要的河流，上面有桥，是进入焉耆国境的必经之路。焉耆王渡河之后便命令把桥拆了。班超从其他的道路进入焉耆，在距离王城二十里的地方驻扎。班超的到来让焉耆王非常惶恐，带领要员逃到山里避难。焉耆左侯元孟曾经去过京城做人质，他派使者向班超告密。班超杀掉了元孟派去的使者，以此向焉耆王明示自己言出有信。

班超放出消息称要大设宴席请三国国王，并且要给他们大加赏赐。焉耆王、尉犁王和北鞬支等三十人如期前来赴宴。焉耆的国相腹久等十七人害怕被杀，都逃跑了；危须王也没有来。待一席人坐定，班超突然声色俱厉地诘问焉耆王：危须王为什么没有来？腹久等人为什么逃跑？随即，班超命令武士将焉耆王和尉犁王都抓起来，带到被杀害的西域都护陈睦之前驻扎的地方杀掉。同时，班超发兵，俘虏了一万五千人，并且缴获三十多万头牛马养等牲畜。班超另立元孟为焉耆国王。班超本人也在焉耆逗留了半年之久，来安抚焉耆民众。

至此，西域的五十多个大小国家全部归顺汉朝。班超不负使命，实现了在西域建功立业的志向。他主要采用了因地制宜的策略，仅仅动用了东汉王朝极少数的兵力物力，就能使西域诸国归附，这样的成就显然是与班超个人的足智多谋、沉着处事分不开的。而这一刻，距离班超首次出使西域，已经过去了 21 年。21 年的荏苒时光，把一个志向高远的壮年磨砺成了沉着睿智的老者。21 年的边塞生涯，更是

古道西风
Gudao Xifeng
一口气「走」完丝绸之路（青少版）

普通人无法遥想的。第二年，汉和帝封班超为定远侯，食邑千户。

整个东汉时期，对西域的政策并不是积极主动的。西域都护陈睦被胡人所杀之后，东汉更是无心顾及西域。然而，班超凭着一己之力，在西域苦心经营二十余年，最终使西域诸国重新归附，使丝绸之路再度通畅。直至今日，在玉门关，依然矗立着班超的雕像。班超在西域的作为，也化作文字，记录在史册，历经时间的流逝，等待着一代又一代人去解读。

第一章 书生的故事

知识链接 扩展阅读

西域三十六国

《汉书·西域传》有载"西域以孝武时始通，本三十六国，其后稍分至五十余，皆在匈奴之西，乌孙之南"。据学者考证，西域都护最初设置时所统辖的三十六国为：鄯善、且末、精绝、扜弥、渠勒、于阗、皮山、莎车、婼羌、小宛、戎卢、乌秅、西夜、子合、蒲犁、依耐、无雷、捐毒、疏勒、尉头、姑墨、温宿、龟兹、乌垒、渠犁、尉犁、危须、焉耆、卑陆、卑陆后国、蒲类、蒲类后国、西且弥、东且弥、车师前国、车师后国。汉武帝时期，张骞出使西域，打通了联结西域的道路，汉王朝开始将西域纳入疆域范围。汉宣帝时期设置西域都护，管辖西域三十六国。但是西域诸国的数目也在不断变化，后来到东汉时期班超再通西域之时，西域诸国的书目就增加至五十余国。因此，"西域三十六国"应理解为玉门关以西诸国的统称。

垂老穷荒——班勇砥砺承父志

人生适意在家山，万里封侯老未还。

燕颌虎头成底事，但求生入玉门关。

——徐钧《班超》

永元十二年（公元 100 年），班超日渐年迈。他上书请求回乡，但始终没得到朝廷的许可。他寄出的书信全部石沉大海，杳无音信。为了帮助班超还乡，班超的妹妹班昭也上书汉和帝，称兄长出塞三十年，在塞外竭力报国尽忠，如今年迈衰老，请求皇帝能够让班超回家。皇帝被班昭的上书所感动，终于决定让班超返回。在西域镇守三十一年之后，班超终于获得了皇帝的恩准，得以在有生之年回到故乡，与家人团聚。

两年之后的夏末，班超回到洛阳，随即被封为射声校尉。此时的班超已年过七十，手脚没有那么灵便了，耳目也都不好使了，疾病缠身的他已不复青年模样。回到洛阳之后，班超的疾病日渐严重。汉和帝听说了班超的情况，还专门派御医前去给班超看病，并且赐药，然而最终无力回天。回到洛阳仅仅不到一个月，班超病逝，时年七十一岁。

班超离开西域后，任尚接任西域都护。此前，任尚乃是戊己校

班昭

　　班昭是东汉时期著名的史学家，是班彪之女，班超的妹妹。班昭出身于史学世家，在父辈的影响下，她学问广博，才能过人。汉和帝永元年间，窦宪因专权被汉和帝下令处死，班昭的哥哥班固也被牵连，死于狱中。当时班固著《汉书》，没有写完就去世了。汉和帝诏令班昭到东观藏书阁，继续写完《汉书》。晚年随其子曹成至陈留，将沿途见闻写成《东征赋》。范晔这样评价班昭："博学高才，世叔早卒，有节行法度。"

尉，在车师屯田。班超告老还乡，把西域托付给任尚。在他走前，两人有过一次深刻的交谈。任尚初来乍到，请班超赐教掌管西域的要诀。他对班超说："君侯在外国三十余年，而小人猥承君后，任重虑浅，宜有以诲之。"（君侯您在西域三十多年了，而我在您后面，很惭愧，此次任职责任重大，而我思虑浅薄，您应该有些经验传授给我吧。）

　　班超说道："年老失智，任君数当大位，岂班超所能及哉！必不得已，愿进愚言。塞外吏士，本非孝子顺孙，皆以罪过徙补边屯。……今君性严急，水清无大鱼，察政不得下和。宜荡佚简易，宽小过，总大纲而已。"（我年纪大了，头脑也不清楚了，任君出任要职，我班超怎能比得上您呢！非要说的话，我就说几句拙言。来到西域的士卒，本来就不是什么孝子顺孙，都是犯了罪，发配到塞外充军屯边的。……如今任君秉性严厉，水太清了就没有大鱼，监察太严就得不到下属的拥戴。您应该宽容冷静，从容行事，犯些小过失的就从宽处理，只需抓住紧要的环节就好了。）

然而任尚并没有将班超的忠告记在心里。班超走后，任尚就对别人说：我还以为班超有什么神奇的妙计，听他说的话也不过如此。之后，任尚在西域行事失当，西域再次出现动荡。公元 105 年，汉和帝去世，西域诸国趁机进攻西域都护，任尚被围困在疏勒。他只好上书求救，汉室派梁慬为西域副校尉，率领河西羌人骑兵共五千前往疏勒营救。所幸在梁慬抵达之前，任尚已经解围。东汉随即召回了任尚，派遣段禧出任西域都护，赵博为长史。

经此一役，西域都护无法再进驻疏勒。段禧和赵博便驻扎在它乾城。它乾城很小，若西域诸国再犯，恐怕难以防守，于是梁慬就去游说白霸，试图使西域都护驻扎在龟兹。白霸虽同意了，但是龟兹国人嫌恶白霸将汉军引入龟兹境内，便起兵反对。梁慬进入龟兹的同时便派将士前去迎接段禧、赵博，两军会师共计八九千人。龟兹国人联合了温宿、姑墨，召集兵力多达几万人，将龟兹重重围住。梁慬迎战，打败了叛军。战火燃烧了几个月，叛变最终被压制，龟兹平定。

新上任的西域都护段禧虽然守住了龟兹，但是道路阻隔，书信不通，捷报并未送至京城。公卿议士认为西域遥远，经常发生叛变，吏士屯边，每年要花费大量的开支，因此汉安帝下诏废除西域都护。永初元年（公元 107 年）的初夏，段禧、梁慬、赵博以及在柳中屯田的吏士尽皆回汉。此后的十几年间，西域再无汉朝官员。班超在西域多年的经营毁于一旦。

但是，班超留给西域的，并不仅仅是他自己的一生。他的后人成为丝路再通的新契机。班超之子班勇，在此时登上了历史舞台。当时，汉安帝派遣骑都尉王弘率领关中士兵迎接西域都护返回，一

同随行的军司马就是班勇。他年少时跟随父亲班超左右，耳濡目染，在西域成长起来的他对当地的风土人情了如指掌，行事颇有父亲的风范。

西域都护一经撤销，诸国暗潮涌动，匈奴也看在眼中，即使在遥远的洛阳京城，也能嗅到山雨欲来的气息。汉室终于意识到放弃西域也就意味着向匈奴完全敞开了城门。

五年后，敦煌太守曹宗派长史索班率领一千多人前往伊吾屯田。这一举动名为屯田，实为招抚诸国。撤销了西域都护，西域诸国又回到匈奴的统治之下。此次汉军屯田，车师前王和鄯善王都来归附。没过几个月，得到消息的匈奴就联合车师后国攻打索班和车师前王，索班阵亡，车师前王也被驱逐。感到如山压力的鄯善王到曹宗那里寻求保护。被匈奴击败，曹宗急于树立威严，同时为了报索班之仇，便上书请求汉室派遣五千兵力，攻打匈奴。

此时汉安帝虽已即位，但是实权掌握在邓太后和宦官手里。曹宗的上书传达到洛阳，邓太后便召集大臣商议。班勇也参加了会议。商议一开始，公卿大夫都认为此时应该紧闭玉门关，放弃西域。唯有班勇力挽狂澜，不惧权威，上议直言。他认为，往昔汉武帝担忧匈奴日渐强盛，会成为西域的霸主，进而袭扰大汉的边境，于是打通西域，将他们的党羽分离，遏制住他们互相勾连的势头，当时的议士们都认为此举断了匈奴的右臂，直击匈奴的要害。后来，王莽篡位，在西域为政严苛，西域诸国不堪重负，愤怒不平，终至反叛。光武帝致力于光复汉室，创造了光武中兴的局面，但无暇顾及西域，匈奴恃强凌弱，把持了西域诸国。到了永平年间，匈奴来势汹汹，进攻敦煌、河西诸郡，他们在白天都把城门关紧。汉明帝考虑了国家大计，派遣骁勇大将出征西域，匈奴溃败逃走，西域重获安宁。到了永元年间，西域诸国重新归附了汉朝。之后因战事与西域再次断绝联系。北匈奴就追责诸国，收回他们逃避的税收，并且加重了苛税，还要求按期参加集会。鄯善和车师因此对北匈奴心怀怨愤，愈发怀念归顺汉朝时的生活，他们想亲近汉朝却没有门路。以前之所以经常发生叛乱，都是因为管理不善。如今曹宗一心想着报仇，一雪前耻，却没有认真思考历次出兵西域的事例，没有考虑到当时的具体情况。想要在西域荒漠之中建功立业，成功率不及万分之一，如果诸国联兵，反而会更加棘手，到那时后悔也来不及了。如今府库不足，又无援兵，草率行事，其实是向西域诸国示弱，向海内暴露自己的缺陷。我认为是不能同意出兵的。以前敦煌郡有营兵三百人，现在应该恢复，还应重新设置都护西域副校尉，就像永元年间那样驻扎在敦煌。此外，还应该派遣西域长史率领五百人在楼兰屯兵。这样的布阵，西边可以挡住焉耆和龟兹的来路，南边可以鼓舞鄯善、于阗的士气，北面可以抵御匈奴，东边与敦煌密切联系。如此才能做好战前的准备。

尚书又问班勇：现在立副校尉，还要派长史在楼兰屯兵，这样做有什么益处呢？班勇回答说：永平末年，西域刚刚恢复畅通，最初派遣中郎将进驻敦煌，后来设置副校尉驻扎在车师，一方面管理西域诸国，一方面又管制汉人不得进入胡地侵扰。这样才吸引了西域诸国心甘情愿地归顺汉朝，同时匈奴也受到了威慑。如今鄯善王是汉人的外孙，如果匈奴得了志，矛头必将首先对准鄯善王，鄯善也知道趋利避害。如果此时在楼兰屯兵，就可以很好地招抚他们。

长乐卫尉镡显、廷尉綦母参、司隶校尉崔据对班勇进一步诘难道：以前朝廷之所以放弃西域，就是因为疆域辽阔不好管理，而且管理西域需要大量的资金，给朝廷带来了巨大的经济压力。如今车师已经归附匈奴，而且鄯善也不能保证不会变节，一旦出现了反复，你能保证北匈奴不会造成边乱吗？

古道西风
Gudao Xifeng
一口气「走」完丝绸之路（青少版）

班勇回答，现在中国设置州牧，是为了防止郡县出现盗贼祸乱。如果州牧能保证郡县绝对不会有盗贼之乱，那臣也愿意以腰斩担保匈奴不会造成边乱。如今西域诸国若能归附汉朝，那么匈奴的势力必将受到牵制，匈奴的势力减弱了，那么它对大汉的威胁自然就会减小了。如果现在放弃西域，就等于将匈奴的内脏归还，将匈奴的断臂再接上，无异于增长匈奴的气势！现在设置校尉来守卫西域，设长史来招抚诸国，如果撤销了校尉和长史，置西域于不顾，就会断绝西域诸国的希望。西域诸国既然绝望了，就必将投降匈奴。如此，沿边的郡县就会受到匈奴的袭扰，恐怕河西之地也要面临着危险。如今不趁机怀柔边远、散播朝廷的恩德，反而计较屯兵的花费，如果匈奴再次强大，难道就是安定边塞的长久之策吗？

毛轸反驳道，现在如果设置校尉，那么西域诸国隔三岔五派遣使者，求索无度，给他们的话费用难以承担，不给的话就得不到他们的信任，一旦他们又受到匈奴的逼迫，就会向校尉求救，到时候战争是避免不了的了。

班勇说，如今假使西域归附匈奴，同时还会对大汉感恩戴德，不会在边塞袭扰，当然可以放弃对西域的经营。如果事实不是这样的，那么这就等于是为敌人增加实力，北匈奴在西域可以获得相当可观的税租，西域的兵马众多，将来在边塞袭扰时，都将成为匈奴的"筹码"。设置校尉，主要是为传播大汉的天威和仁德，用来招徕诸国内属之心，震慑匈奴，没有什么耗费国家财力的担忧。西域人没有太多的要求，无非是想要些粮食罢了。如果一概拒绝，那么他们归附了匈奴，联合起来袭扰并州、凉州，到时候国家所要花费的就不止千亿。

班勇力排众议，坚持要继续经营西域。这有两方面的原因：班勇为了国家社稷考虑，将西域经营妥善才能保证大汉的长治久安，这是其一；另一方面，班超苦心经营西域三十余年，班勇作为班超的儿子，长年跟在父亲身边，父亲的劳苦用心全看在眼里，不可否认，班勇不忍心眼睁睁地看着父辈的事业毁于一旦，所以对父亲的追思之情是班勇这样做的不可忽略的感情因素。

最终，汉室采用了班勇的建议，恢复了敦煌营兵三百人，设置西域副校尉驻扎在敦煌。虽然重新将西域纳入羁縻统治之下，但是仅限于屯兵的区域。至延光二年（公元123年）夏天，班勇受命为西域长史，率五百人在柳中屯兵。第二年，鄯善归附汉朝，朝廷赐给了班勇三条绶带的印信。龟兹王白英犹豫不决，班勇恩威并加，白英最终决定归附，并且带着姑墨、温宿两国国王一起归附。白英将自己捆绑起来，来到班勇面前以示忠心。

车师前国此前因为被索班招抚，遭到了匈奴的侵袭，此时被匈奴占领，匈奴伊蠡王驻扎在此。龟兹归附后，班勇就征调龟兹兵力一万多人，到车师前国赶走了伊蠡王，收容了车师前国五千多人。这是班勇在西域领导的第一场战役，此战收复了失地，为前长史雪了耻，并且稳定了军心士气。

获胜后，班勇并没有乘胜追击，而是又回到了柳中屯田，休养生息。两年后，班勇征发敦煌、张掖、酒泉骑兵六千，同时征调了鄯善、疏勒、车师前部的兵力，共同征讨车师，取得了很大的胜利，缴获牲畜五万多头，生擒车师前王和匈奴使者。班勇把车师前王押送到索班战死的地方砍头，为索班雪了耻。随后，班勇又新立车师王。至此，车师六国（车师前部、车师后部、东且弥、卑陆、蒲类、移支）都归附了东汉。

在车师平定后，班勇征调西域诸国的兵力进攻匈奴呼衍王，又获大胜，呼衍王逃跑，余众2万多人投降，生擒了单于的堂兄。车师王亲手杀了单于的堂兄，这点燃了车师与匈奴之间的怨恨之火。

杀兄之仇，不得不报，北单于亲自率领一万骑兵进入车师后部，一路杀至金且谷。班勇派遣假司马曹俊出兵援救，北单于撤军，曹俊穷追不舍，斩杀了骨都侯。呼衍王只得迁徙到枯梧河一带。此后，匈奴势力无法再进入车师境内。

此时就只剩下焉耆国没有归附。班勇向汉顺帝上书，请求发兵讨伐焉耆。汉顺帝遂派遣敦煌太守张朗出兵，率河西四郡共三千兵力供班勇支配。班勇又征调了西域诸国的兵力四万多人，开始进攻焉耆。汉军兵分两路，班勇从南道行军，张朗从北道行军，两军按约定时间到达焉耆城下会师。但是，张朗急于立功，于是他疾速行军，领先到达了约定地点，他没有等待班勇的部队抵达，就迅速地派遣司马率兵进攻焉耆国。战事十分顺利，汉军杀了敌军两千多人。焉耆王害怕被杀，就派遣使者向张朗投降。

等到班勇率领部队到达焉耆，战役已经结束了。此次战役，张朗得以全身而退。然而班勇却因为较张朗晚至战场而被召回洛阳议罪。虽然最终得以免罪，但班勇仍被革了职，后来在家中病故。

班勇继承了父亲班超的遗志，致力于将班超在西域的功业继续延续下去。如果说班超在西域的所作所为是一种个人志向的选择，那么班勇在西域的故事则似乎更像是他所要承担的家族责任。班勇穷其一生，也想要连通并经营西域，就如同父亲生前所做的那样，但无奈的是，世事难料，他并没有得到真正属于自己的机会，他的能力并没有获得最大限度的施展，这是否是他一生中最大的遗憾，我们无法得知。只有那些马背上的弦歌，那些玉门关外汉家勇士的足迹，还有东汉年间丝绸之路三通三绝的故事，在悠悠的历史长河中，久久回响。

第三章

河西往事

黄河远上白云间，

一片孤城万仞山。

羌笛何须怨杨柳，

春风不度玉门关。

——王之涣《凉州词》

　　黄河自青海发源，在甘肃转道东北，故河道西侧自古以来便被称为"河西"。王之涣的一首《凉州词》，写尽了河西风貌。河西古称雍州，位于丝绸之路的东段，是中原通往中亚地区的必经之路。这里的气候干燥寒冷，雨水稀少。大黄山、黑山、宽台山将这里分为三个区域：东部多荒漠与残丘，西部多高山与荒滩，中部则多沙丘与戈壁。但祁连山中融化的冰雪形成了数十条河流，滋润着这片古老的土地。河西地区的三大河流石羊河、黑河与疏勒河在这蔓延千里的戈壁荒漠之中冲积出了数个广阔的绿洲。

　　河西地区面积广阔，居住在这里的族群多以放牧为生。先秦时期，中国古代族群的一支——羌，就居住并驰骋在这片土地上。秦王朝初年，有月氏人活跃在这一区域。随后是匈奴人，他们大致崛起于战国时期，在公元前 2 世纪势力日盛，至冒顿单于在位时期，匈奴人击败并驱逐了月氏人，占据了河西地区这片广袤的牧场。匈奴在这一时期一度"控弦三十余万"，对中原地区构成了一定的影响。即便是汉王朝的建立者汉高祖刘邦，也对匈奴十分忌惮：他曾经在与匈奴的合战中遭遇败绩，在白登山被匈奴骑兵围困，后用计方才侥幸逃脱。在此后相当长的时间里，西汉王朝未敢再与匈奴正面对抗，转而采取"和亲"政策来笼络匈奴，以此维系边疆地区的稳定。

匈奴曾在河西称雄一时，直到公元前 2 世纪末，西汉国力逐渐增强，汉将霍去病奉命出击匈奴，取得河西之地。汉武帝元狩年间，武帝改雍州为凉州，并在河西地区先后设置四郡，依照自东向西的顺序，这四郡分别是武威、张掖、酒泉与敦煌。河西四郡的设置是汉王朝为统一西域而实施的重要政策之一。随着四郡的建立，河西地区的社会形态发生了极为深远的变革，当地的生产方式开始逐步从游牧转变为农耕。这是中原文化在边疆地区广泛传播的历史过程，也是中国古代族群不断发生自然凝聚的历史表现，更是中国古代疆域形成过程中的历史印记。在长达千年的时光中，河西地区这四座边郡在丝绸之路的历史上留下了许多令人惊叹或唏嘘的故事。

古道西风
Gudao Xifeng
一口气「走」完丝绸之路（青少版）

图 8　河西走廊风貌

汉家名将——凉州三明平边乱

葡萄美酒夜光杯，

欲饮琵琶马上催。

醉卧沙场君莫笑，

古来征战几人回。

——王翰《凉州词二首·其一》

在汉代河西四郡中，武威郡是最东一郡。西汉时期属于凉州刺史部，地处汉羌边界，是被称作"通一线于广漠，控五郡之咽喉"的军事重镇。这里民风尚武，极为勇悍，这里曾走出过无数的名将。同时，武威也是河西地区最为丰饶的区域之一，当地地势平坦，水草丰足，十分适合放牧，出产良马，自古以来凉州骑兵横行天下。在历史上，凉州的铁骑与名将曾留下过无数豪迈苍凉的英雄往事。

在西汉年间，北方常有游牧部落袭扰边地。他们对汉王朝边境的袭扰多以掠夺为目的。汉武帝时期，随着汉王朝对匈奴战争的胜利，在河西地区设置四郡，实现了稳固边疆的目的。

西汉末年，王莽建立新朝，建立"西海郡"，并以此彰显自己的功勋，粉饰太平。随后，他又向该地大量迁徙中原犯人——这一策略招致边疆地区百姓的强烈反抗，反叛四起。新莽年间的战乱削弱了中原王朝的实力，对西域的控制也逐步下降。在东汉年间，边疆叛乱愈演愈烈，逐渐演变成危及东汉边疆稳定的重大隐患。这种情况一直延续到汉末三国时期，仍有余波。在这一历史进程中，一批凉州地区的武将应时而出，成为抗击边乱的重要力量，这其中最为重要的，便是"凉州三明"。

所谓"凉州三明"，指的是东汉时期三名凉州名将，他们分别是皇甫规、张奂和段颎。因他们字中都有一个"明"字，所以被时人称为"凉州三明"。这三人是东汉后期在凉州作战的中坚将领，正是凭借这三人的奋武，东汉王朝才得以扭转了长久以来凉州地区的不利战局。

皇甫规，字威明，是凉州安定郡人。他出身将门，其父、祖皆为东汉高级将领。在"凉州三明"中，皇甫规是最早成名的一位。此人年轻时即对汉军的弊病十分了解，曾上书力陈汉军之弊。他五十余岁时受任为中郎将，领军出征平乱，取得了重大胜利，晚年又举荐张奂，自己退位让贤，是一位不可多得的汉家名将。

东汉安帝永初元年（107年），河西地区战乱再起。凉州动荡不安。经十余年的时间，战乱才被勉强镇压下去，但好景不长，仅仅二十余年后的东汉永和五年（140年），因当时在任的凉州刺史刘秉为政不仁，致使当地的百姓再次发起了叛乱。这次叛乱的规模极大，叛军进攻金城，杀害官吏，隐有燎原之势。

永和五年叛乱发生时，汉顺帝派马贤平叛。此时的皇甫规并无官职在身，但他知道马贤惜命又爱财，并不能平定叛乱，遂上书恳请汉顺帝更换将领。但汉顺帝不听，随后马贤率军与叛兵会战，结果汉军大败，马贤亦战死。武威郡将知道皇甫规熟知兵略，且了解凉州地区的边情，被委任为功曹讨伐叛军，皇甫规遂率八百士兵击退叛军。之后叛兵军势日盛，兵进陇西，攻三辅，天下震动。这时，皇甫规再次上书自荐，请求朝廷能够封给他官职。他自称："土地山谷，臣所晓习；兵势巧便，臣已更之。可不烦方寸之印，尺帛之赐，高可以涤患，下可以纳降。若谓臣年少官轻，不足用者，凡诸败将，非官爵之不高，年齿之不迈。臣不胜至诚，没死自陈。"他既不谋求高官，也不贪图厚禄，唯以平患安邦为己任而已。但此时在位的汉桓帝仍然没有理会他的自荐意见，他并未因此受到朝廷的重用，反而受到了外戚成员大将军梁冀的嫉恨，前半生并不得志，曾多年在家乡以教书为生。而地方官受到梁冀的指使，甚至多次欲置他于死地。

随着河西叛乱的进一步蔓延，东汉王朝在凉州地区的统治陷入极为被动的局面。数年间耗费军资数十亿，直到永嘉元年（145 年），在左冯翊（官名，汉代三辅长官之一）梁并的招抚之下，这次叛乱才被暂时平定。而皇甫规也在故乡度过了漫长的十四年。至延熹二年（159 年），梁冀被诛，皇甫规才得以被再次起用。延熹四年（161 年），边民又反叛，进攻三辅，同年进攻并州、凉州等地。皇甫规被任命为中郎将，率军出征，率关西地区的军队击破叛军。叛军久慕皇甫规的威名，相劝而降者竟达十余万人。次年，凉州日趋稳定。

皇甫规担任中郎将以来，在作战中多次取胜，但此人不愿趋炎附势，得罪了许多宦官，并招致了他们的诬陷。汉桓帝相信了谣言，于是诘责皇甫规。皇甫规自辩道，自己为国家"所省之费，一亿以上"，而"兵家之所贵，将有何罪，负义违理乎？"皇甫规的自辩说服了汉桓帝，但他仍将皇甫规调回中央，任议郎。随后不久皇甫规再次遭到诬陷，蒙冤下狱。这一判决引发了时人的强烈不满，当时有太学生三百余人上书，为皇甫规申诉鸣冤，皇甫规因此得以被赦免释放。不久后边患又起，皇甫规再次被起用，朝廷任命他为度辽将军，希望他再次出征，但此时的皇甫规举荐了张奂，称此人"才略兼优，宜正元帅，以从众望"，而自己"愿乞冗官，以为奂副"。

朝廷采纳了他的意见，并任命他为使匈奴中郎将。

熹平三年，皇甫规病故于穀城，时年七十一岁。尽管他一生战绩相较"凉州三明"中的另外两人并不出众，但他异乎寻常的远见和审时度势的眼光却是他人所不及的。皇甫规为"凉州三明"中去世最早的一位，史书称他"功成于戎狄，身全于邦家"。

张奂，字然明，是敦煌渊泉人。与皇甫规不同，张奂既是名将，同时也是一名文人。他早年师从太尉朱宠，研习《尚书》，因学问精深，受到了大将军梁冀的赞赏，之后举贤良，担任议郎之职。当皇甫规因得罪梁冀在乡教书的时候，张奂则正在担任梁冀的幕僚。

永寿元年（155 年），时年五十一岁的张奂受命担任安定属国都尉。这名从未经历战阵的文臣刚一到任，恰逢南匈奴起兵作乱。张奂凭借仅二百人的军力以少敌多，力克匈奴，最终"连战破之"。经此一战，张奂奠定了自己名将的地位。

张奂后来担任使匈奴中郎将，在职期间，匈奴与乌桓联合叛乱。当时汉军兵将都十分惊恐，打算各自逃走，唯独张奂处变不惊，安坐在大帐中对弟子们讲学。兵将受他感染，军心由此而稳固。尽管张奂并非久经沙场的猛将，但他对于边事十分熟稔，讨抚并行，多次化解边疆的险恶军情。他清廉洁己，就连敌人亦赞赏他为官清正。皇甫规曾举荐他担任度辽将军平定边乱，称他是"才略兼优"的帅才，自甘担任他的副手。

张奂曾说："大丈夫处世，当为国家立功边境。"他身体力行，每当有边疆战事，他必领兵征战对抗匈奴、鲜卑，在军中数年间，幽、并、凉州安宁稳定。他作战有方，且不滥杀，在百姓中也有极高的声望。汉灵帝建宁年间，张奂因得罪宦官，被诬为党人，自此致仕，还乡教授弟子，直到光和四年（181 年）去世。张奂是"凉州三明"中最长寿 1 人，享年七十八岁。

段颎，字纪明，是武威姑臧人。尽管"凉州三明"各有千秋，但毫无疑问的是，段颎的军事成就是三人之中最高的。段颎出身武威段氏，其先祖为郑武公之子共叔段，西汉时期的西域都护段会宗是他的从曾祖。在"凉州三明"中，段颎可以被视作一个异类，他年少时便习弓马，为人"尚游侠，轻财贿"。与皇甫规和张奂不同，段颎在戎马生涯中经常亲自上阵作战，是一名久经战阵的武勇战将。他年轻时，最初被推举为孝廉，担任地方官吏，后来逐渐开始崭露头角，升任辽东属国都尉。当时恰逢鲜卑侵犯边塞，段颎率军抗敌，他诱敌深入，以伏兵之计大败鲜卑军，将敌军斩杀殆尽。

延熹二年（159年），段颎升任护羌校尉。其时东汉政局混乱，党锢祸起，政治黑暗。边民群起反叛，进攻陇西、金城等地。段颎率军出湟谷迎击，将叛军击败，追击至黄河南岸，斩杀两千余人。次年，叛军再犯张掖，并集合各部力量进攻段颎。段颎在这场战斗中下马步战，自拂晓战至正午，马刀砍断，弓矢射尽，仍力战不退。最终叛军败退，段颎又率军追击，连续追敌四十余日，一度到了"割肉食雪"的地步。

在延熹四年（161年），段颎被诬陷下狱。此时皇甫规受命担任中郎将，平定了边患。但由于段颎的去职，叛军对凉州的攻势愈炽，延熹六年（163年），叛军五六千人进攻河西地区，凉州几近覆亡。于是此时段颎被再次任命为护羌校尉，当年冬天，段颎取得平叛胜利，斩杀、俘虏四千余人。段颎数年间辗转合战于河西各地，"自春及秋，无日不战"，数年间斩敌二万三千余人，虏敌数万，投降的部落逾万，战获牛羊等数百万口，边郡各部的势力大不如前。在永康元年（167年），叛军纠合了四千余人欲进攻武威，段颎率军斩敌三千余。建宁元年，段颎继续出击，历时两年，其间大小战斗一百八十多次，斩敌三万八千余人，河西边患由此亦被平定。

在边疆征战的十余年中，段颎不曾一夜安眠。因为他本人待士卒亲善，亲自为伤病者包扎治伤，将士皆愿意为他而死战。他一生从未有过败绩，如同一个军事传奇。但是，他一生杀戮极重，又阿附宦官，晚年竟陷于朝廷的政治旋涡之中——光和二年（179年），段颎受王甫（前十常侍之一）株连下狱，最终在狱中服毒自尽。成为"凉州三明"中唯一不得善终者。

光和四年（181年），随着张奂在凉州病故，"凉州三明"的故事自此永远成为历史。凉州草原上的草木枯荣依旧，凉州骑兵在东汉末年的舞台上依旧延续着边疆名将们的鹰扬勇烈。那些曾经在边疆奋武挥戈的勇者，如燃烧后的灰烬一般散落在历史的书页中，如同一曲唱不尽的凉州悲歌。

天子亲征——隋炀帝西巡张掖

千乘万旗动，饮马长城窟。

秋昏塞外云，雾暗关山月。

缘严驿马上，乘空烽火发。

借问长城侯，单于入朝谒。

浊气静天山，晨光照高阙。

释兵仍振旅，要荒事万举。

饮至告言旋，功归清庙前。

——杨广《饮马长城窟行》（节选）

出武威继续向西五百里，便是河西四郡中的张掖郡。据《汉书》引应劭注所称，张掖取"张国臂掖"之意而得名。自西汉以来，这里便是河西地区的军事重镇，同时也是丝绸之路的重要驿站。

魏晋时期，中国北方长久处于动荡与战乱之中，丝绸之路也因此而中断不通。张掖先后为五凉政权所占据。后来北魏世祖拓跋焘攻破北凉，设张掖军。至西魏废帝三年（554年），西魏在张掖地区改置甘州（甘州一名，取自于张掖地区甘峻山，或称取自于被称为"河西第一泉"的张掖甘泉），自此张掖又被称为甘州。在经历了数百年的战乱之后，隋文帝杨坚统一了长久以来处于分裂割据局面下的中国北方，建立起了一个新的大一统王朝——隋。

隋朝的建立使得中国北方回归稳定，社会经济有了长足的发展。在隋文帝杨坚的励精图治之下，隋王朝的国力有了较大的提高，国库充实，人民安居乐业。杨坚在位二十三年，于仁寿四年（604年）病故，其子杨广即皇帝位，是为隋世祖。杨广改年号为"大业"，希望以此来彰显自己意欲建立伟大功业的决心，他接连展开了一系列重大的政治行动，如营建东都洛阳、开凿大运河等。在后世史家的笔下，杨广是一位颇具争议的皇帝：由于他急切想要成就一番功业，最终致使国家走向了动乱与衰亡。正因为如此，他一方面被描绘为锐意进取的有为之君，而另一方面却又被指为不恤民力的暴政君王。除了建功心切，这自然与他开拓性的治国理念有着不可切断的联系。

隋大业年间，中原地区经过多年的休养生息，国力日渐强盛。在如同大兴（即后来的唐长安城）、洛阳等一些大城市中，商业也日渐发达。此时，隋王朝十分迫切地希望通过丝绸之路展开与西域、中亚等地的贸易，取得更大的商业发展空间。正是在这样的历史背景下，断绝已久的丝绸之路也迎来了重新畅通的历史契机——为了重现两汉时期西北地区辉煌，杨广开始着力于开拓和重建河西地区。大业初年，杨广创立"四方馆"，置四方使者，这一机构掌管各方外交及互市之事。其中担任西域使者的官员名叫裴矩，这是一名具有丰富从政经验的老练官员，他曾在隋文帝时受命出使突厥，十分熟悉边疆事务。杨广为开拓丝绸之路迈出的第一步，即是委任裴矩前往河西地区，在当地主持与各国通商事宜。

大业元年（605年），裴矩抵达张掖。当时，西域的互市区域便是张掖。虽不如长安、洛阳那般繁华，但张掖无疑是河西地区最为重要的商业枢纽。丝绸之路自魏晋以来因战乱而断绝，西域商人便

古道西风
Gudao Xifeng
一口气「走」完丝绸之路（青少版）

四方馆

　　四方馆是官署名，于隋炀帝时期最初设置。四方馆位于京师建国门外，主要职责是接待东南西北四方少数民族以及外邦使臣。另外，四方馆分设使者四人，分别主管双方使者往来及贸易事务等。

将张掖作为与中国进行贸易的地点。因此在当时的张掖城中，大批来自中亚的胡商聚集于此，从事着各类商业贸易活动。裴矩在当地详细调查了西域各国的地理、山川、风俗、特产等情况，据此编纂了三卷《西域图记》，呈送给隋世祖杨广——裴矩在书中除了详细介绍西域各国的情况以外，还力谏世祖应该大力经营西域。

《西域图记》

　　《西域图记》是在隋朝时期由裴矩编写，主要记录了西域各国地理、山川、风俗、特产等情况。原书共有三卷，总共记录了四十四国的资料，今已散佚，只在《隋书·裴矩传》中收录了此书的序言。《西域图记》成书之后，裴矩将其献给隋炀帝。隋炀帝大为赞赏，并在之后亲征吐谷浑，开拓西域疆土。

裴矩这套详细的资料坚定了杨广开拓西域的决心。经过数年准备，大业五年（609年），隋世祖杨广率大军十万西巡。这次西巡的目的，首先在于彻底扫除长期活跃于祁连山以南的吐谷浑势力的威胁，稳固隋王朝在河西地区的统治；其次，杨广也期望借此机会邀请西域各国首领在河西地区的张掖举行一次聚会，以此来彰显隋王朝的国力，为进一步开拓西域、加强对丝绸之路贸易的控制而作准备。

杨广率军沿途围猎讲武、访查耆老，经过数月跋涉，行程数千里。隋军出临津关、度星岭，抵达金山。随后，杨广下令展开了对吐谷浑的进攻。两军经十日血战，吐谷浑被击败，吐谷浑首领南逃，部众男女十万余人投降。随着战争的胜利，河西地区的安全隐患也就此被消除了。

当年六月，杨广抵达张掖。西域各国纷纷前来朝贡，先后有二十七国首领谒见了隋世祖。规模盛大的集会不但向西域各国显示了中原王朝的强大与富足，同时也向各国表达出了明确的贸易交流愿望。随着这一盛会的出现，中原与西域、中亚交往的道路得以完全畅通，古老的丝路也重新恢复了往日的繁荣。

十余年后，隋王朝在声势浩大的全国起义中覆灭，隋世祖也被杀于扬州。唐高祖李渊将杨广的谥号定为"炀"，后世多称杨广为隋炀帝。他往日的雄心消散在隋末纷乱的战场之中，但他西巡所成就的功业，却为后继的唐王朝的繁荣盛世打下了坚实的政治基础。甘泉的水依旧清澈，丝路上的铃声仍在回响，张掖作为丝绸之路上贸易重镇的地位在隋唐时期得到了进一步的确立与强化，在数百年间始终维系着丝路的通畅与繁荣。

昭武九姓

"昭武"是古代河西张掖郡附近县名，亦为大月氏人西迁之前的故地。一般认为，大月氏人在汉代为匈奴击破，民众西迁至中亚粟特地区，在魏晋时期，这一古族群的后裔在当地建立了若干城邦政权，"昭武九姓"是对这些政权及其居民的泛称。据《新唐书》记载，"昭武九姓"包括：康、安、曹、石、米、何、火寻、戊地、史。但也有学者认为，"昭武九姓"居民或并非大月氏人后裔，而是久居于中亚的粟特人。

"昭武九姓"诸国民众善于经商，是丝绸之路上最为活跃的商业族群。他们在隋唐时期与中原地区的贸易十分频繁。此外，他们还积极推动了佛教在河西地区的传播，为隋唐时期中国与中亚地区的文化交流以及丝绸之路上商业的繁盛做出了巨大的贡献。

第三章 河西往事

乱世游侠——杨阿若单骑杀贼

羽檄从北来，厉马登高堤。

长驱蹈匈奴，左顾凌鲜卑。

弃身锋刃端，性命安可怀？

父母且不顾，何言子与妻！

名编壮士籍，不得中顾私。

捐躯赴国难，视死忽如归！

——曹植《白马篇》（节选）

古道西风 Gudao Xifeng 一口气「走」完丝绸之路（青少版）

　　酒泉，位于河西走廊中部。这里东临张掖，西近敦煌，是河西走廊的腹地。西汉时期，有平原郡人东方朔作《神异经》，书中称"西北荒中有玉馈之酒，酒泉注焉"。这是有关"酒泉"的最早记载。但东方朔所称的"酒泉"并非后来的酒泉郡，仅仅是中国西北部的一汪"酒美如肉，澄清如镜"的泉水而已。正如前文所述说的那样，汉武帝时霍去病平定河西，武帝始设酒泉郡。据《汉书》记载，这里"其水若酒，故曰酒泉也"。隋代改酒泉为肃州，后世的"甘肃"地名，便是取张掖（甘州）与酒泉（肃州）的首字而成的。

　　酒泉是一座位于戈壁深处的塞上边城，于西汉初期元狩二年（公元前 121 年）设置酒泉郡。酒泉北抵匈奴，南御西羌，其战略地位十分重要。当地民风尚武，轻生重义，在两汉时期涌现了许多有名的游侠勇士——这些秉持着扶危济困精神的"以武犯禁"者，在酒泉郡的历史上曾留下过许多脍炙人口的故事。

东汉末年，酒泉郡中活跃着一名叫杨阿若的年轻人。他名声勇悍，是远近闻名的游侠。《魏略》中称他"常以报仇解怨为事"，时人谓其"东市相斫杨阿若，西市相斫杨阿若"——意指此人时常四处与人争斗，为人仗义，好打抱不平。

建安年间，酒泉太守徐揖诛杀了当地豪强黄氏一族，但其族中有一名叫黄昂之人侥幸逃脱。此人逃脱后用重金募集了千余人，转而进攻酒泉，徐揖据守酒泉城作战。杨阿若彼时在外听闻了此事，他认为黄昂是不义之人，于是向徐揖告别。撇下妻子，奔走至张掖求救，却不料张掖此时竟然也发生了反叛，太守被杀。不久后黄昂攻破酒泉城，徐揖被黄昂杀死，张掖与酒泉的叛军合流，河西中部顷刻陷入了战乱之中。

黄昂怨恨杨阿若不支持自己，于是出重金为赏，希望张掖郡中能有人抓住杨阿若。杨阿若暗中逃至武威太守张猛（张奂之子）处。张猛委任杨阿若为都尉，又发布檄文讨伐酒泉叛军，使杨阿若为徐揖报仇。杨阿若一人一骑前往南羌一带，在当地聚起了一支千余人的骑兵队伍，由乐浪出发进攻酒泉郡。

杨阿若兵至酒泉城外三十里，他命令全军下马，曳柴扬尘。酒泉城中的叛军看到扬尘四起，以为关中平叛的大军杀到，于是溃散逃跑。黄昂单人出逃，被杨阿若拿获，杨阿若问黄昂："你当初想捉拿我，现在反而被我抓住，还有什么话说？"黄昂惭愧认错，杨阿若将他杀死，为徐揖报了仇。

后来杨阿若在郡中举孝廉，被汉献帝委任为驸马都尉。他后来改名杨丰，在史书中留下了"勇侠"的声名。鱼豢称他："若夫杨阿若，少称任侠，长遂蹈义，自西徂东，摧讨逆节，可谓勇而有仁者也。"所谓"勇侠"，或许只是大时代中的小人物，但他们却始终秉持着以"孝义"为根本的中国传统道德。在东汉末年的"乱世"格局下，这些小人物凭借自己的侠义风骨，以天下为己任，成为一代时势下的侠义英雄。

丝路千佛——莫高窟千年历史

帝梦金神，长丈六，项背日月光明。

金神号曰佛。遣使向西域求之，乃得经像焉。

时白马负经而来，因以为名。

——《洛阳伽蓝记·卷四》

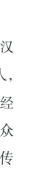

　　东汉建武中元二年，光武帝刘秀驾崩。皇太子刘庄继位，即汉明帝。这是一位十分特别的皇帝。在他继位的第七年，因夜梦金人，遂派遣使者蔡愔、秦景等十二人前往大月氏取经。诸人抄取佛经四十二章，并邀请印度高僧竺法兰与迦叶摩腾两人至中国传法。众人用白马驮着经书佛像，沿丝绸之路经西域返回中土，佛教自此传入中国——这就是"白马驮经"的故事。在古都洛阳，有一座白马寺，便是为了纪念此事而兴建的。

　　尽管历代王朝对佛教的态度各有不同，佛教在华夏也几经兴衰，但不可否认，佛教在通过古老的丝绸之路传入中国之后的千余年中，绵延不断地对中国的传统文化产生着重要的影响。这也是丝绸之路被视为联结古代东西方文明之纽带的重要原因之一。

　　在佛教东传的历史进程中，敦煌这座城市存在的意义格外深远。在河西四郡中，最西端的一郡便是敦煌。大约公元 1 世纪前后，由于贵霜帝国的积极推动，佛教开始从印度北部快速向外传播。因此，这一时期的敦煌既是河西地区重要的经济中心之一，也是佛教东传的门户。这里是中原通往西域的最后一座边郡，有汉一朝，它始终是中西方贸易在东方地区的运输中心和中转站。来自中原和西域各地的商客汇集在这里，从事着丝绸、茶叶、瓷器、西域珍宝、北方驼马以及粮食等物品的贸易活动。因此敦煌在后世被誉为"丝绸之路的咽喉"。

在魏晋时期，中国北方陷入了群雄割据的分裂局面，百余年间，敦煌地区先后归属前凉、前秦、后凉、西凉和北凉五个政权。尽管局势动荡，但敦煌当地文化与经济的发展却并未因此而停滞——随着中原士族和百姓大量迁徙到这里，敦煌地区的社会经济有了长足的发展与进步。而另一方面，随着商业贸易的发展，佛教在敦煌一带也空前兴盛起来。在当时的敦煌，往来贸易的商人们以及精通佛法的僧侣们都在这里云集。佛家的思想和理念在民众中赢得了无数信仰者，许多人皈依成为佛教徒。这些信徒通过丝绸之路，将佛教思想传播到了更远的地区，他们沿途修行，并在各地修建起一座座佛塔与佛像，还开凿了许许多多的石窟。这些建筑从塔里木盆地一路蔓延至东方的洛阳。在数百年的时间里，这一历史进程从未停止过，而敦煌地区由于其特殊的地理位置，成为佛教文化最为兴盛的区域之一，这也为莫高窟的出现提供了必要前提。

莫高窟，又名千佛洞，是古代河西地区一座规模巨大的石窟寺。它位于敦煌城外东南，鸣沙山东面的悬崖之上。佛窟分为南北两个区域，南区洞窟中大多塑有佛像，绘有壁画，是僧人和信徒礼佛、修行的场所；北区洞窟则为生活区域，是石窟寺僧众和工匠们生活的场所。这里是魏晋以来河西地区最负盛名的佛教石窟群，有历代开凿的佛窟七百多个。这些佛窟修建于不同时代，洞窟中的彩塑佛像与壁画风格各异，造型精美，具有十分重要的历史价值与文化价值，是中国古丝绸之路上佛教艺术的珍贵遗存。

莫高窟始建于前秦建元二年（公元 366 年），彼时有僧人乐僔，途径敦煌城外鸣沙山，忽见天空中金光隐现，有"状有千佛"。乐僔认为自己看到了佛迹，怀着敬畏与虔诚之心，他决定从此停留在这里。他在鸣沙山的崖壁上开凿了一个佛窟，在窟中坐禅，修行佛法。这便是莫高窟最早的一个佛窟。后人将此地称为"莫高窟"，取意历代开窟者的功德"莫高于此僧"，以纪念乐僔首开石窟之功。乐僔之后，又有僧人法良，在乐僔所开之窟旁另凿一窟，所谓"伽蓝之起，滥觞二僧"。自此，莫高窟千年的营造开始了。

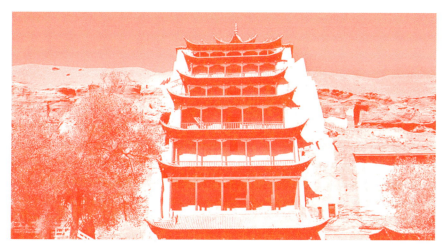

图 9　莫高窟

自魏晋时期开始，莫高窟在一千余年的时光中，经历了漫长的营建。北魏时期，东阳王元荣出任瓜州刺史，他信奉佛教，出资在鸣沙山中开凿了一个大的佛窟，并出资抄写佛经数百卷。北周时期，又有瓜州刺史于义在此开凿佛窟。隋王朝建立后，中国北方再度回归统一，敦煌也愈加繁荣。隋文帝、隋炀帝父子都十分重视河西地区经济与文化的发展，这为莫高窟的兴盛提供了有利条件。有隋一代，莫高窟共修建佛窟数十个。唐代建立后，河西地区日渐稳定，丝绸之路也再现了往日的荣光，随着唐代盛世局面的出现，莫高窟也迎来了最辉煌的时代。

跟随着乐僔的脚步，历代的工匠与佛教信徒们在鸣沙山上凿出了一个又一个的佛窟，大大小小的石窟绵延一千多米，逐渐形成了一片规模巨大的石窟群。极盛时期，莫高窟的佛窟达到了一千多个。

唐代以后，尽管莫高窟新建的佛窟较之以前变少，但统治河西的政权和当地民众大多延续了对莫高窟的修缮和维护活动。元代以来，海上丝绸之路日渐兴盛，河西地区已不再是东西方文化贸易交流的唯一通道，逐渐失去了往日的辉煌。至明嘉靖三年（1524 年），出于边境稳定的考虑，嘉靖帝下令封闭嘉峪关，嘉峪关以西的敦煌、安西等地几乎与中原隔绝，莫高窟的荣光也被塞外的风沙所遮蔽，开始逐渐衰落。

及至清末，由于边疆危机的加深，莫高窟中所藏的敦煌遗书因海外探险者的掠夺而大量流失至海外。这是敦煌历史文物的重大劫难，同时也是敦煌历史文化向世界显现真容的历史节点。莫高窟再次回归到了世人的眼中，令整个中国乃至世界都发出了一声赞叹。

河西四郡自西汉武帝时期设置以来，已有两千余年的历史。在两千余年的丝路历史上，河西地区始终是一条咽喉要道。武威、张掖、酒泉和敦煌都是历史上的名城。河西地区的历史，既有昔日的金戈铁马，又有古丝绸之路上回响不绝的驼铃，同样还有着古老而又神秘的梵音。可以说，河西地区的历史即是丝绸之路历史的一种缩影。每年的春天，戈壁滩上依旧会扬起风尘，自东向西，又从西向东，既有塞上风沙的凌冽，又有中原春风的温暖。那些曾走在路上的人都已经离开了，但他们留下的故事却依旧在史书中一遍遍被重新书写，笔墨间隐现着古丝路上的一次次回望与期冀，以及一次次的相逢与别离。

古道西风
Gudao Xifeng
一口气「走」完丝绸之路（青少版）

094

"敦煌"地名的词源

有关"敦煌"地名的词源，目前有两种认识：第一种观点是目前学术界比较通行的观点，即"敦煌"是胡语的音译，是由"吐火罗""桃花石""朵航"等胡语词汇演变而来。"敦煌"一词，最早见于司马迁《史记·大宛列传》，出自张骞向汉武帝汇报的有关大月氏的传闻，原文系："始月氏居敦煌、祁连间，及为匈奴所败，乃远去。"据此有学者指出，"敦煌"一词应该是西域地区胡语对该地的称呼，在张骞报告给汉武帝后，此地始被汉王朝称为"敦煌"并设郡。

第二种观点则认为，"敦煌"的词源是汉语词汇。这一观点主要依据东汉时期应劭对《汉书》的注释。应劭指出，"敦煌"一词的本意是"大盛"（"敦，大也；煌，盛也。"），这是东汉时人对"敦煌"一词的解释，也是现存汉朝人最早的对"敦煌"释义。

第三章 河西往事

第四章

僧侶的故事

贞观——玄奘求学遇高僧

韶光开令序，淑气动芳年。驻辇华林侧，高宴柏梁前。
紫庭文珮满，丹墀衮绂连。九夷簉瑶席，五狄列琼筵。
娱宾歌湛露，广乐奏钧天。清尊浮绿醑，雅曲韵朱弦。
粤余君万国，还惭抚八埏。庶几保贞固，虚己厉求贤。

——李世民《春日玄武门宴群臣》

隋朝末年，政局动荡。隋世祖杨广急于建功，发动全国的人力物力，开凿京杭大运河——这一举措的初衷是为了沟通南北商运，但是由于一系列政策实施不当，使得民心动摇并引发社会动荡，最终导致了全国范围的大规模农民起义。在这次声势浩大的战争中，出现了一位被后世史家称为雄主的英雄人物，他就是唐太宗李世民。

在中国古代的皇帝中，以文武双全著称的人，李世民当首屈一指。隋文帝开皇十七年（公元598年），李世民出生于一个贵族家庭，是家中次子。其父李渊当时是一名隋王朝的官员。李世民自幼习文练武，擅长骑射，由于隋末时局动荡，他年少时便跟随父亲南征北战，曾立下过诸多战功。

义宁元年（公元617年），在李世民的鼓动下，李渊发动了反隋兵变，史称"晋阳起兵"。李渊率军攻克了长安，随即拥立隋世祖之孙杨侑即位，是为隋恭帝。之后，李世民率兵十万进攻东都洛阳，不战而胜。次年，隋世祖在江都被部下宇文化及所杀，隋恭帝禅位于李渊，隋王朝灭亡。李渊在长安即皇帝位，改国号为唐，任命李世民为尚书令，并封李世民为秦王。

唐朝建立之初，政局并不稳定，各地还存在着很多割据势力。这一平定天下的重任就落在了秦王李世民身上。李世民首先用兵陇西，在浅水原之战中击败薛仁杲；紧接着，他进军河东，击败宋金刚、刘武周，收复并、汾失地，巩固了唐朝的北部边疆；然后，他率军继续东征，在虎牢之战中击败河南王世充和河北窦建德集团两大割据势力，使唐朝取得了华北的统治权；最后，李世民又率军剿灭了由刘黑闼率领的窦建德余部以及山东的徐圆朗。自此，中国北方从隋末割据动荡的状态中得以再次回归统一。

李世民在多年的征战中立下了赫赫战功，他的威望与名声也日益隆厚。为表彰李世民的卓越贡献，李渊允许他在洛阳开天策府，封他为天策上将——这是唐初职位最高的武官，负责唐军各类军事作战，统领天策府事务。天策府既是李世民的宅邸，同时也是他作为天策上将办理军务的场所，拥有最高的军事决策权，可以自设官职。随着李世民声名日盛，一大批当时的俊才豪杰聚拢在他的麾下，成为日后李世民登基称帝的重要助手。

成为李渊的继任者一直是李世民的目标。据司马光《资治通鉴》的记载，李渊曾经向李世民允诺："若事成，则天下皆汝所致，当以汝为太子。"但李渊在称帝之后，封的太子却是长子李建成，这势必会引起李世民内心的不满。而随着李世民威望日盛，李建成的太子之位也受到了威胁，兄弟二人之间的嫌隙渐渐滋生。面对这样的局面，李渊却始终秉持着并不明朗的犹豫态度，这事实上为事件的走向增加了更多的负面影响。随着太子集团和秦王集团之间的关系愈发紧张，双方剑拔弩张越来越明显，终至兵戎相见。

武德九年（公元 626 年），李世民先发制人，他在京城长安宫城玄武门发动兵变，射杀太子李建成和齐王李元吉，史称"玄武门之变"。之后李世民又诛杀了李建成和李元吉的后代。唐高祖李渊当时就将军政大权让给李世民，三天后，又封李世民为皇太子。仅仅过了两个月，李渊退位称太上皇，禅位于李世民。李世民称帝，改年号为贞观——大唐的"贞观盛世"就此拉开帷幕。

图 10　李世民画像

贞观年间，中国迎来了一个繁盛之世。随着战乱的结束，国家也逐渐恢复了元气，走进了一个崭新的时期。在李世民统治时期，大唐王朝的经济得到了快速的增长，人口数量也有了显著提升，社会安定，人民安居乐业。而更值得后世称道的是，贞观时期的中原文化有了长足的发展。正如李世民的那首诗作中所描绘的一样：大唐王朝国力日益强盛，威名远播。国家快速发展成为当时世界的中心。

在这一时期中，古老的丝绸之路依旧发挥着重要的商业运输作用。以长安、洛阳等为代表的大都市发展迅速，人口高速增长，商业日渐繁荣。为了满足这座庞大城市的商业需要，大量的物资和商品沿着古老的商道由西域运送到大唐。来自西域的商队满载各色货物在丝路上穿梭，见证着大唐的盛世繁华。伴随着这些东来的客商涌入长安的，还有十分灿烂的佛教文化。

佛教大约在公元 1 世纪前后传入贵霜帝国，之后得到了长足的发展，在西域地区呈现出空前的繁盛景象。唐初，西域佛寺林立，高僧辈出。来自西域的僧侣们东行弘法，将佛教广泛地传播到中原。随着佛教学说的积累，中原已经不满足于被动地接受西域僧侣的传法——这一方面是由于早期僧人翻译的经卷常常存在晦涩难懂、多有谬误的现象。另一方面则是由于佛教在东传西域的过程中已经发生了变化，导致中原佛教来源驳杂、教义混乱、南北学派差异很大的局面。为了解决中原佛教的问题，很多僧侣沿着丝绸之路，穿越西域，前往印度和中亚求取"真经"，寻求佛法的真谛。在这些西行求法的僧侣当中，最著名、成就最高的就是玄奘。

玄奘俗姓陈，陈留（今河南开封）人，是汉代太丘长陈仲弓的后人。陈家是官宦世家，同时也是书香门第，玄奘的曾祖父陈钦是后魏的上党太守；他的祖父陈康学问渊博，德才兼备，是国子监的博士；他的父亲陈慧，是一个风流倜傥的英才，年轻时在经书学问上就有了深厚造诣。史书上形容玄奘之父陈慧"形长八尺，美眉明目"，且"好儒者之容，时人方之郭有道"。可以想见，在彼时世人眼中，陈慧是一个远近闻名的美男子，且贤德堪比郭有道——郭有道本名郭泰，是东汉"介休三贤"之一，学问渊博。时人以他与陈慧为比，可以看出陈慧也如同先贤一样博览群书，通晓典籍，是十分贤良的才俊。但是，他所处的时代正值动荡的隋末。当时国家政道衰微，战乱四起，并没有给予陈慧更多施展自身才华的机会。陈慧曾一度担任江陵令一职，后来因不满时政，返回故乡埋头研习经书典籍，无心再次出仕，州郡上的官员频频前来请陈慧做官，都被他一一辞绝了。

陈慧有四个儿子，玄奘是最小的一个。幼年之时，玄奘跟随父

古道西风 Gudao Xifeng
一口气"走"完丝绸之路（青少版）

亲熟读儒学经典，他像父亲一样，恬淡宁静，又热爱钻研。《大慈恩寺三藏法师传》记载了玄奘幼年学习时的一则小故事：在玄奘八岁的时候，他的父亲在案几旁向他口授《孝经》，讲到曾子避席的典故，玄奘立刻整理好衣襟，站了起来。陈慧问他为何站起来，他说"曾子闻师命避席，今奉慈训，岂宜安坐"。陈慧听了非常高兴，认为玄奘必将有所成就。陈慧将此事说给亲戚听，亲戚都认为玄奘具有超越同龄人的聪慧和悟性，日后不可限量。就在这样的雅正之礼、圣哲之风的熏陶下，玄奘度过了自己的幼年时期。

玄奘11岁时，他的二哥陈素于洛阳净土寺出家，即长捷法师。

知识链接 扩展阅读

曾子避席

曾子（公元前505年—公元前435年），名参，字子舆。是孔子晚年的弟子，儒家学派的重要代表人物之一。"曾子避席"的典故出自《孝经》，讲的是有一次，曾子在孔子的身边侍座，孔子问曾子："先王有至德要道，以顺天下。民用和睦，上下无怨。汝知之乎？"就是说以前的圣贤先王有至高无上的德行，有一套精妙的理论，用来治理天下，民众和谐，君王和臣子之间没有任何的怨愤，你知道这些理论具体是什么吗？曾子听到后，知道老师要教给他深奥的道理，就立刻离开座席而伏于地，十分恭敬地对老师说："参不敏，何足以知之？"意思就是学生愚钝，哪能知道这些高深的道理，还请老师把这些道理教给我。

避席是我国一种传统礼节行为，曾子避席的行为是为了表达自己的谦卑以及他对师长的尊敬，因而始终为后人所称颂。

图 11 玄奘画像

陈素将玄奘带在身边，学习佛经。玄奘在这一阶段学习了《法华经》《维摩经》等佛经典籍。两年后，朝廷下令在洛阳招收 14 名僧人，有一百多个备选人。负责此事的官员认为玄奘年龄太小，不符合标准，就没有考虑玄奘。然而大理卿郑善果赏识玄奘的才华，才破格让他出家为僧。

玄奘又在净土寺学了六年佛经。至唐高祖武德元年（公元 618 年），李密在洛阳一带发动瓦岗农民起义，洛阳局势十分动荡。在战乱的影响下，玄奘和二哥离开净土寺，辗转来到四川，向两位摄论学法师求学。玄奘在 20 岁时受具足戒，在四川的几年中，他系统研究了大、小乘佛经，通晓地论学、摄论学各家的学说，学业大为精进，开始闻名于蜀中佛教界。随后，玄奘又前往荆州、相州、赵州、长安等地学习佛法。在这一时期，玄奘在对佛法进行思索时遇到了巨大的困惑——佛的本性是什么？凡人能否成佛？这一度成为他最大的迷惘之处，但既有的佛经并不能让他寻找到答案。公元 626 年，一位名叫波颇的天竺僧人来到长安弘法，玄奘在这位印度高僧的身上领教了印度佛教的魅力。波颇告诉玄奘印度的那烂陀寺院是研究佛法的最高学府，那烂陀的戒贤高僧是首屈一指的佛学大师，他在印度讲授总摄三乘学说的《瑜伽师地论》。于是，玄奘决定去印度求取真经。

玄奘集结了有相同志向的僧侣，向唐太宗上表，请求他允许西行求法，但遭到了唐太宗的拒绝——当时唐太宗刚刚即位，东突厥颉利可汗趁李世民治下政局未稳的时机，派骑兵围攻乌城，战争一触即发。在这样的局势之下，唐朝推行了禁边政策，禁止平民出境。受此挫折，诸僧侣都散去了，唯独玄奘一人仍然初心不改，他一边学习印度语，一边等待着求法的机会。

次年，玄奘在某一天夜里做了一个奇异的梦。他梦见大海深处有一座山，花草繁茂，山崖极为壮丽。他想登上山去，但面前的海水太深，又无船可渡。正当此时，他忽然发现脚下出现了一朵莲花。莲花带着他飘摇渡海，不多时就把他带到了山脚下。但是，山峰太陡峭，他无法攀登。正踟蹰之间，突然来了一阵疾风，携其扶摇而上直至山顶。他在山巅举目四望，茫茫山海人世再无阻隔。于此大梦之中，玄奘似有所悟。他醒来后决心独自出发，前去印度求取心中的佛法。

第四章 僧侣的故事

西行——历尽艰辛抵天竺

遂发愤忘食履险若夷，轻万死以涉葱河，重一言而之奈苑。鹫山猴沼仰胜迹以瞻奇，鹿野仙城访遗编于蠹简。春秋寒暑一十七年，耳目见闻百三十国。扬我皇之盛烈，振彼后之权豪。

——《大唐大慈恩寺三藏法师传》

公元 628 年，大唐和尚玄奘打点了行装，走出了长安城。他在城外双手合十，向着离开的方向行礼，随后转过身去，踏上了西行的旅途。他先是跟着一名叫孝达的僧人同行去了秦州，再启程前往兰州，在兰州又遇到送官马的凉州人回乡，玄奘便随行到了凉州——凉州城是河西之地的大都会，往返于中原与西域诸国之间的商旅们在这里云集。但彼时的凉州处在吐蕃和东突厥两股势力的夹击之中，朝廷命令严厉禁止百姓出境。玄奘在这里停留了一个多月，并设讲坛讲解《涅槃》《摄论》和《般若经》，僧人和俗众慕名前来，蔚为壮观。听过玄奘的讲经，人们都赞不绝口，回乡后将这一盛况转告自己的君长，并说玄奘此行是要向西求佛法，于是诸国的各大城市都盼望着玄奘的到来。

正如前文所说，当时的大唐建国不久，边疆并不安定，朝廷出于边防安全的考量，禁止百姓出境。那时的凉州都督是李大亮，他严格执行朝廷的命令，因此，当有人奏报李大亮一个长安的和尚要西行求法的时候，他便立刻派人驱使玄奘回京。河西有一位慧威法师，是当地有名望的僧人，他赏识玄奘的学问和志向，便秘密地派遣两个弟子护送玄奘出境，为了逃避官兵的追捕，他们昼伏夜出，到达瓜州。瓜州刺史独孤达热情接待了玄奘。玄奘问当地人西行的道路状况，大家都告诉他根本没有路，全都是流沙沟河，行人都是结伴，把牛马粪的痕迹当作路标。玄奘无计可施，在无奈中逗留在瓜州一月有余。

凉州的官员在驱逐玄奘离开后，致信询问瓜州官府是否见到了打算西行的玄奘，以便将他驱逐返乡。幸好在瓜州吏李昌的斡旋下，玄奘得以顺利脱身，继续启程。但是与他随行的两个小僧，一个先去了敦煌，另一个体弱难行，玄奘体谅他，让他也走了。只剩下玄奘孤身一人独自前行。

独自前行的漫漫路途中，玄奘在寺庙前停下来歇脚，在一尊弥勒像前礼佛求愿，只愿得一人引路。他幸运地遇到了一名胡人向导石磐陀，此人许诺送他通过五烽（玉门关外沙漠中的五座烽火台）。两人趁夜出发前往玉门关。玉门关前有条河，石磐陀砍了梧桐树，做成桥，两人才得以过去。到达玉门关已是晚上，玄奘与石磐陀都停下，在相隔五十多步的树下各自休息。过了一会儿，石磐陀拔出刀，缓缓地向玄奘走来，走了十几步却又停下了，似乎心存不轨。玄奘于是坐起来，诵经念观音菩萨。石磐陀见状，又转身躺下睡了。天亮了，玄奘叫醒石磐陀找些水来喝。石磐陀说：前面都是沙漠，只有五烽下有水，只能夜里去偷水喝，一旦被人发现，性命不保，不如回去罢。玄奘不答应，石磐陀张开弓箭，逼迫他返回，他仍不肯："纵使切割此身如微尘者，终不相引。"玄奘给了石磐陀一匹马作为酬谢，孑然一身进入茫茫沙漠。

茫茫的沙漠中干热异常，随处可见因干渴而死的走兽遗骨。玄奘在沙漠中艰难前行，在他的眼前出现了盛大的海市蜃楼，他安定着自己的心神，艰苦地行进了八十里，终于走到了沙漠中的第一座烽火台。河西校尉王祥问明玄奘来意之后款待了他，并命人准备了水和干粮送了十几里。玄奘在夜间抵达第四烽，烽官相迎送，告诉玄奘不要去第五烽，当地人有的心有歹意，可去野马泉取水。玄奘拜谢后再次上路。

他又走了一百多里，不料却在沙漠中迷了路。他并未找到野马泉。想要喝水时又失手打翻了水袋，准备的水全部付之东流。放眼四周全是沙漠，飞鸟绝迹，狂风卷沙，散落如雨。他接连四天四夜，滴水未进，几乎死去。到了第五天的夜里，他幸运地找到了一片绿洲，性命才得以保全。

玄奘随后又走了两天，终于走出了沙漠，到达伊吾国（今新疆哈密市伊吾县）。彼时高昌王鞠文泰派到伊吾的使者见到玄奘，返回后禀告高昌王。鞠文泰崇尚佛法，即日派遣使者令伊吾王将玄奘送至高昌（今新疆吐鲁番市）。玄奘半夜才抵达高昌，鞠文泰与妻子一直诵经等候着他的到来，礼数甚厚。直到天将拂晓，鞠文泰才回宫休息。第二天，玄奘还没有起床，鞠文泰又来拜会。鞠文泰再三请玄奘留在高昌，玄奘都没有答应。十几天后，玄奘想要离开，继续西行。鞠文泰再次请玄奘留下，在高昌弘法，玄奘仍是不同意。鞠文泰强行将玄奘扣留，每日的侍奉供养更加周到。玄奘绝食三天，到了第四天，气息渐弱。鞠文泰被玄奘的决心所感动，与玄奘在佛前结拜为兄弟，约定好等玄奘学成归来留在高昌三年。玄奘在高昌又讲经一个月，鞠文泰为他准备了丰厚行资，又派遣了护送的随从，送他再次出发了。

西行的路终究是孤独的，就像玄奘十余年后在《大唐西域记》中所诉说的那样："暄寒骤徙，展转方达。"路途遥远险恶，路上偶遇的人们都劝玄奘回头，但是这都不能摧毁他的信念——"若不至婆罗门国，终不东归，纵死中途，非所悔也"。在漫长的旅程中，他途经一百余国。快乐与沮丧，新鲜与恐惧，坚定与彷徨，交相汇集在他的西行之路上。

玄奘首先抵达的国家是阿耆尼国（今新疆天山南麓焉耆盆地一带）。阿耆尼国坐落于群山环绕中的平坦陆地上，玄奘沿途经过了交错的河流。这里土壤肥沃，气候宜人，物产丰富，后来他在《大唐西域记》中记录下这里出产的农作物，包括冬麦、黍等谷物，还有红枣、葡萄、梨、柰诸果等各色水果。国中有一眼阿父师泉，玄奘走到这里的时候，停下来在泉水边留宿一夜。次日又出发，经过了高大巍峨的银山——这里遍布着银矿，西域诸国铸造银钱的矿石都开采于此。由于听说银山的西边有贼出没，天色已晚，玄奘一行就到王城附近住下。彼时，与玄奘同行的几十个商人，因为着急做生意，就连夜出发了。次日，玄奘走了十几里，就在道路上看到了这些商人横陈的尸体，他们的财物都被劫走了，无一生还。玄奘不禁悲慨唏嘘。也许正是这段经历，使玄奘在评价阿耆尼国时说道："国无纲纪，法不整肃。"玄奘走到阿耆尼国的都城，远远地看到国王和大臣前来迎接玄奘。他这样写下对阿耆尼国王的印象："王，其国人也，勇而寡略，好自称伐。"在玄奘的眼中，阿耆尼国王有勇无谋，法制非常不健全。阿耆尼国因此前遭到了高昌国的袭扰，不愿意为玄奘提供马匹，于是玄奘只借宿了一晚就走了。

离开阿耆尼国，玄奘渡过一条大河，再往西走几百里，到达了屈支国（今新疆库车县）。在玄奘的叙述里，屈支国风俗质朴，出产稀有宝马。玄奘走到都城的时候，屈支国王和群臣以及大德僧木叉毱多前来迎接他。在都城的东门外面，几千个僧人演奏着乐器等待玄奘的到来。屈支国的迎接仪式颇为复杂。一位僧人端来一盘鲜花给玄奘，玄奘在佛前散花、礼拜。他与木叉毱多同坐，喝了当地的

109

第四章 僧侣的故事

葡萄浆。之后玄奘去当地的大小佛寺礼拜，这样反复进行了好几次，直到天黑了众僧人才散去。

第二天，玄奘来到木叉毱多所在的寺庙。木叉毱多曾经在印度学习了二十多年佛经，玄奘对他很钦佩。木叉毱多对他说这些佛经都在本寺，不用再向西走了。玄奘问他："此有《瑜伽论》否？"木叉毱多说："何用问是邪见书乎？真佛弟子者，不学是也。"玄奘辩论说："《婆沙》《俱舍》本国已有，恨其理疏言浅，非究竟说，所以故来欲学大乘《瑜伽论》耳。"彼时正值冬季，大雪封山，玄奘只得在屈支国逗留了两个多月，游历了这里的各大寺庙和大会场，并且记录了流传的种种传说。等到春天再出发的时候，屈支国王为玄奘准备了骆马，僧人和俗众都来相送。

向西走大约六百里，翻越一个小沙丘，就到了跋禄迦国。跋禄迦国风俗文字法度皆同屈支国，僧人多信奉小乘佛教。再往西北走三百里，过一个沙丘，便是凌山。凌山位于葱岭的北端，山峰陡峭，高耸入云。冰雪终年不化，堆积成冰凌，与白云连成一片，望不到顶端。山顶掉落的冰凌长达几丈，使小径更加崎岖，难以翻越，夜晚席冰而卧，又无法生火煮食，七天才走出凌山。

出了凌山走四百多里，就到了大清池（又称热海或咸海）。水呈青黑色，味道咸苦，波涛汹涌，往来行人，只求平安，虽有鱼虾，但却无人捕捞。再往西北就是中亚境内，走五百多里，就到了西突厥的王城——碎叶城。西域诸国的商侣聚集在此地。当地植被稀疏，气候寒冷，风沙很大。玄奘在这里遇到了突厥叶护可汗。叶护可汗被达官戎马簇拥，穿着绿绫袍，用锦帛裹头，相当讲究。可汗见到玄奘很欢喜，热情宴请一番，并请他说法讲经。玄奘在此逗留数日。再出发时，可汗让一名通晓汉语和诸国语言的军人摩咄送玄奘到迦毕试国，并且送给玄奘僧服和绢。

羯霜那国与吐火罗国交界的地方有一道天然的屏障——铁门。这里两侧都是山，悬崖峭壁，山色如铁，中间虽然有小路，但是难以翻越，因其险要，被称为"铁门"，意为突厥的关塞。玄奘冒着危险越过铁门天险，从吐火罗国渡河到了活国。活国是叶护可汗长子咀度的领地。玄奘到来的时候，活国国王去世，各方势力正在争夺王位。经此政治变动，玄奘无奈在活国滞留了一个多月。

又经过十几个国家，到达了梵衍那国（今阿富汗国巴米扬）。梵衍那国坐落于雪山之中，气候寒冽，适宜畜牧，牛马众多，种植冬麦，少见花果，民风粗犷淳朴，穿着皮衣。都城东北部的山上筑有石佛像，高达一百四五十尺，金光闪耀。东面有一座寺庙，是梵衍那国先王所建。

知识链接 扩展阅读

巴米扬大佛

巴米扬大佛是阿富汗境内著名佛像，世界文化遗产。佛像共有两座：一座初凿建造于公元 1 世纪，高 37 米；另一座建于公元 5 世纪，高 53 米。两座佛像相距 400 米，并立于巴米扬山谷的石窟中。是古代阿富汗地区佛教文化兴盛的象征和重要历史遗迹。

巴米扬大佛历史悠久，且常见于古代文献的记载中。早在公元 5 世纪，晋代僧人法显就曾在西行旅程中瞻仰过巴米扬大佛。虽后被损毁，但时至今日，巴米扬大佛的修复工程仍在进行中。

玄奘向东翻过雪山，穿越黑岭，到了迦毕试国（今阿富汗的巴格兰）。玄奘在《大唐西域记》中这样记叙此国："宜谷麦，多果木，出善马、郁金香。异方奇货，多聚此国。气序风寒，人性暴犷……"这里有一百多座寺庙，六千多名僧人，大多学习大乘佛教。迦毕试国王是刹利族人，有勇有谋，统治了十几个国家。国王与众僧一起迎接玄奘，诸僧争相邀请他去自己的寺庙。有一个沙落迦小乘寺，传说是汉天子的质子所建，沙落迦寺的僧人以此为由请玄奘先去那里。迦毕试国王信奉大乘佛教，请玄奘与三位著名法师到大乘寺探讨佛经义理。其他三位法师各有所长，只有玄奘精通众教义，任意来问，都能给予精彩的解答，令国王十分欢喜。玄奘在这里讲经、游历了将近半年的时间。他在王城西北部河边南岸的一座古旧寺院里，看见了佛祖的顶骨舍利。

向东走六百多里，越过黑岭，气候逐渐转暖，就进入了北印度境内的滥波国（今印度西北境与阿富汗喀布尔之间的拉古蒙一带）。滥波国有十所寺庙，众僧都学习大乘佛教。再往南走二十几里，下山过河，就到了那揭罗喝国。那揭罗喝国与滥波国一样从属于迦毕试国。这里纵然有许多寺庙，僧人却很少。城东的三百多尺高的窣堵波（印度的一种佛塔）是无忧王所建，已经废坏了。玄奘想去小石岭佛影窟礼拜，迦毕试国派遣的使者想早日回家，就劝阻他道路不通，不要去了。玄奘不以为意，孤身一人前往。小石岭伽蓝的西南面就是悬崖峭壁，东边石壁上的大洞穴就是佛影窟。玄奘进窟行至诚礼拜两百多次，终于看见"如来影皎然在壁"。

玄奘在离开长安一年多之后，来到了古印度北部地区的健陀逻国。这里是曾经的贵霜帝国的中心，是佛教发源的地方，被誉为著名的佛教圣地，许多古代的有为高僧都来自这里。然而，玄奘此时在这里看到的不是佛教的昌盛，而是满目的疮痍。健陀逻国有十几所寺庙，大都荒废了。大窣堵波西边有一个古旧的寺庙，第三重阁里有胁尊者室。这座寺院的亭台楼榭、重阁洞窟虽已残毁，但仍然令玄奘为它的巧夺天工所赞叹。

玄奘翻山越岭，再往前走六百多里，抵达了乌仗那国。乌仗那国四季分明，风调雨顺，盛产郁金香，花果繁多。这里崇尚佛法，曾经有一千四百所寺庙，一万八千名僧人，此时却寺庙荒芜，僧人锐减。

渡过印度河，途经呾叉始罗国和僧诃补罗国、乌刺尸国，抵达迦湿弥罗国（现在的克什米尔）。迦湿弥罗国境内有一百多所寺院，五千多名僧人，昔日无忧王在这里建了四座壮丽的窣堵波，并且保留着很多的圣迹。这里曾是佛教历史上第四次结集的地方。随着时间的流逝，如来的弟子们各执己见，在佛教典籍流传的过程中造成了许多的矛盾。结集即汇聚各方得道法师，一起诵读经典，发现谬误，确定真理。健陀逻国迦腻色伽王在这里主持了第四次佛教结集，留下了宝贵的成果。玄奘在这里停留了两年，学习佛教经典。

玄奘西行求法的第三年，他离开北印度地区继续南下，前往那烂陀寺。在这次旅途中，他遭遇了一场极为惊险的劫难：在一片森林之中，一群劫匪抢走了玄奘及两个徒弟的全部行李物资，并挥刀将他们驱赶到旁边干枯的水池里，想要谋害他们。危急时刻，玄奘的一个徒弟发现了一个隐秘的洞口，三人才得以脱身。两个徒弟想到刚才的情景，悲从中来，玄奘却面带笑容。两个徒弟不解，玄奘说："居生之贵，唯乎性命。性命既存，余何所忧。"劫后余生的玄奘到达了至那仆底国，在当地的突舍萨那寺住了一年有余，潜心学习佛经。这是他西行旅程中最后一次较为漫长的停留，在完成对佛经的学习之后，他再次启程，向着旅程的终点——那烂陀寺出发了。

胁尊者

玄奘在健陀逻国的游记中写下了这位胁尊者的故事。胁尊者在八十岁的高龄皈依佛门，城里的年轻人便嘲讽他："愚夫朽老，一何浅智！夫出家者，有二业焉，一则习定，二乃诵经。而今衰耄，无所进取，滥迹清流，徒知饱食。"胁尊者谢过了年轻人，发誓说："我若不通三藏理，不断三界欲，得六神通，具八解脱，终不以胁而至于席。"自此之后，他白天学习经书义理，夜里静思冥想，三年后便通晓三藏，获得了世人的敬仰。

质子伽蓝

根据《大慈恩寺三藏法师传》的记载，迦毕试国流传着质子建寺的传说。据说质子修建寺庙的时候，在寺院东门南大神王的脚下埋下重金，供日后修缮寺庙所用。彼时有一个贪婪暴戾的国王觊觎这些财宝，就命人挖掘，大地动摇，南大神王佛像顶上的鹦鹉像振翅惊叫，一众人便被吓跑了。后来寺庙遭到摧毁，寺僧想要取出财物修缮寺庙，大地又开始震动。玄奘来到这里，众僧会集，请他指点。玄奘走到南大神王佛像前焚香，说："质子原藏此宝拟营功德，今开施用，诚是其时。如蒙许者，奘自观开，称知斤数以付所司，如法修造，不令虚费。"说完便让人挖掘，果然在七八尺深的地方挖到了一个大铜罐，装着几百斤黄金、几十颗明珠。众人都啧啧称赞。

三藏——那烂陀从师戒贤

尼莲河水正东流，曾浴金人体得柔。

自此更谁登彼岸，西看佛树几千秋。

——玄奘《题尼莲河七言》

公元630年，玄奘远隔千山万水的故土大唐发生了一件大事：唐太宗发动了对东突厥的战争，意在平定中国北方的边患。战争获得了巨大的胜利，北部边疆从此平定。玄奘离开大唐之后的第三年，昌盛的大唐已经威名远扬。

公元631年，离开故土长达四年，玄奘终于来到了摩揭陀国（今印度比哈尔邦巴腊贡地区），那烂陀寺就位于这里——那烂陀的意思是"施无厌"（不知疲倦的施舍）。这座寺庙是在皇室的资助下建立起来的，经过六代皇帝的精心营造，规模很大，建筑宏伟壮丽。《大慈恩寺三藏法师传》生动描绘了那烂陀寺的建筑风格——"宝台星列，琼楼岳峙，观竦烟中，殿飞霞上，生风云于户牖，交日月于轩檐"。印度的寺院成千上万，若论壮丽崇高，那烂陀寺当属巅峰。释迦牟尼曾路经此地，据称这里也是释迦牟尼的大弟子舍利弗出生的地方。那烂陀寺是古印度佛教的学术中心，最早修建于公元5世纪。自建立以来，那烂陀寺持续发展，到了玄奘所在的时代，寺庙已经享誉盛名，成为全印度大乘佛教的学术圣地。寺内藏书浩如烟海，极盛时期寺内有一万名学生，一千五百名老师。那烂陀的学风严谨刻苦，寺内每天的讲座多达一百多场，学生勤奋好学，不敢有丝毫的懈怠。除了研究佛学之外，他们还要学习世俗经典、因明、声明、医学乃至数学。因此，那烂陀寺在当时不仅是一座寺院，更像是一所佛教学院。

图12　那烂陀寺遗址

玄奘抵达那烂陀寺的那一天，寺庙为他举行了庄重的欢迎仪式。仪式过后，二十位僧人带领玄奘面见那住持正法藏。正法藏就是戒贤法师。据称，那烂陀寺的师生，能够通晓二十部经论的有一千多人，通晓三十部的五百多人，通晓五十部的，加上戒贤法师共十人。唯有戒贤法师一人穷尽了所有学问，成为一代宗师，因此，众人尊重他而不直呼其名，都称他正法藏。玄奘见到戒贤法师后，向他施以极为隆重的拜师礼。戒贤法师问玄奘从何而来，玄奘说自己从中国来，特地来向法师学习《瑜伽论》。当时戒贤法师已经百岁高龄，而且患了非常严重的痛风病，不堪折磨，想要结束自己的性命。三年前梦到有人告诉他有个僧人从中国来想要学习《瑜伽论》。之后，戒贤法师的病情有所好转。冥冥之中，玄奘和戒贤法师之间似乎有种命运的联系。见到玄奘时，戒贤法师也不禁感慨落泪。32岁的玄奘跋山涉水来到印度，终于如愿以偿来到了大乘佛教的至尊——戒贤法师的门下学习佛学。在公元632年的春天，戒贤法师为玄奘专门开讲《瑜伽师地论》，由此开始了长达15个月的讲坛，一起来听的人多达一千。玄奘在这里用了五年时间潜心学习，研习佛经，在这一时期，他的佛学造诣得到了更大的提升，终于成为一位通晓大乘佛教义理的有道高僧。

就在玄奘于那烂陀寺求学期间，古老的丝绸之路上卷起了新的风波：作为一条连通大唐与西域诸国的交通要道，丝绸之路为沿途的西域国家带来了源源不断的财富。隋末的战乱使得丝绸之路被阻绝，西域诸国前来朝贡的使者以及各国的商旅只得绕道高昌前往中原。高昌借此垄断商道而获得了巨大的商业利益。公元632年，焉耆请求唐太宗重新开通大漠通道，方便商旅过往。唐太宗同意了焉耆的请求，但是高昌却对此非常不满。如果开通了大漠通道，高昌在丝路上的垄断地位将会被打破，商旅会大大减少，高昌的经济将会遭受沉重的打击，这显然是高昌不想看到的。因此，高昌联合西突厥进攻了焉耆的五个城市——高昌这样的举动显然打破了长久以来与唐王朝维持的友好关系。在这样的背景之下，唐王朝决定对高昌用兵。公元640年，唐王朝进军高昌。战争还未开始，高昌国王鞠文泰忽然病死，面对唐王朝的军队，高昌很快就投降了。之后，唐王朝设立了安西都护府，稳定了西域的局势，并且恢复了丝绸之路的畅通。

安西都护府

都护府制度是唐朝在边疆地区推行的一种军政合一的治理边疆的政策。唐朝在西域的都护府制度有效执行了朝廷的政令，是稳定西域的重要保障。640年，侯君集破高昌，唐王朝在高昌交河城设置安西都护府，主要管理伊州（今新疆哈密）、西州（今新疆吐鲁番东部）、庭州（今新疆吉木萨尔）的事务。648年，唐王朝攻破龟兹，安西都护府西迁至龟兹。到了658年，西域都护府升级为大都护府，下辖金山都护府、十六都督府。直到808年废止，安西都护府共存续了约170年。安西都护府在唐王朝中央政府与西域羁縻府、州之间起到了纽带的作用，代表中央政府行使主权，管理边防、行政事务，完成了保障西域地区安全稳定的历史任务。

古道西风
Gudao Xifeng
一口气『走』完丝绸之路（青少版）

但此时的玄奘对此并不知情。在那烂陀寺五年的求学时光紧张而充实，在通读了那烂陀寺大乘佛教经典之后，玄奘决定再次出发游学。之后的三年里，他的足迹遍布印度的每一个城市，他用自己的亲身游历，为《大唐西域记》的书写提供了宝贵的素材。玄奘在《大唐西域记》中用地理学家式的语言详细记载了每一个所到之处，为后人留下了宝贵的历史记忆。

玄奘到达伊烂拏国，在此停留一年访学。伊烂拏国的僧人多信奉小乘佛教，有十所寺庙。城南有一个佛塔，佛祖曾在这里进行了三个月的说法。之后，玄奘就进入了中印度、南印度的各个国家进行访学。玄奘所游历的国家里面最具神秘色彩的当属西印度境的西女国。西女国是《西游记》中女儿国的原型。西女国坐落在一个海岛上，国民全都是女人，没有一个男子。相邻的国家拂懔国每年派遣男子到西女国进行交配，如果产下男婴，全都丢弃。关于西女国的记载，仅在《大慈恩寺三藏法师传》中有寥寥数语。唐僧师徒在女儿国的故事实为小说的创作。之后，玄奘来到北印度境内的钵伐多国。钵伐多国有一座很大的寺庙，僧人都研习大乘佛教，最胜子就是在这里写下了著名的《瑜伽师地论》。玄奘在此地停留了两年的时间学习佛经。一天晚上，玄奘做了一个神奇的梦，他梦见那烂陀寺已经荒废了，院子里拴着水牛，再也没有一个僧人的身影。梦中的先知告诉他该回去了。

公元 640 年，玄奘回到了那烂陀寺。阔别故土十一年，玄奘想早日返回中国。但是，归国的计划并没有那么顺利。彼时的玄奘经过了系统的学习，在戒贤法师眼里，他已经成为一个得道的高僧。戒贤法师安排玄奘开设讲坛讲授佛经，与高僧们进行辩经。这是一场难度极高的考试。但是玄奘高水准地通过了考核。最终另外一个讲坛的学生也都来到玄奘的门下。玄奘通过辩经获得了空前的人气和声望。扑面而来的名誉又将玄奘裹挟进一轮又一轮的辩经当中。随着时间的积累，一个来自中国的高僧的名字"玄奘"传遍了整个印度。然而，这不期而来的荣耀无法阻碍玄奘归国的决心。

每当玄奘与戒贤法师提起回中国的打算时，都会受到一致的劝阻。那烂陀寺的僧人们希望玄奘能够留在印度，他们认为印度是佛教的发源地，这里不仅有全世界最负盛名的佛教学者，还有数不清的先贤们留下的踪迹，他们不理解玄奘为何到达了佛学中心却又要离开。玄奘陈述了自己的想法："此国是佛生处，非不爱乐。但玄奘来意者，为求大法，广利群生……愿以所闻，归还翻译，使有缘之徒同得闻见，用报师恩。"戒贤法师说这正是菩萨的用意啊，于是让众人不再挽留他，允许玄奘回国。回国的愿望似乎可以实现了，但是一场更大的考验正在等待着玄奘。

就在戒贤法师同意玄奘回国的两天后，东印度国王鸠摩罗派遣使节给戒贤法师送来一封书信，要请玄奘前往讲经。戒贤法师以玄奘即将启程回国为由推辞了，可是不料埋下了祸根。东印度王大怒，说若戒贤法师不许玄奘来，就会率兵踏平那烂陀寺。在这样的情形下，玄奘只得跟随使者去见东印度王。鸠摩罗率领群臣隆重迎接玄奘，精心奉养，留了一个多月。

塔内萨尔王国的戒日王听到消息，心中十分不满。他之前多次请玄奘来讲经，但玄奘始终没有答应，可如今他却去了鸠摩罗那里。戒日王派使者让鸠摩罗将玄奘送过来。鸠摩罗说：我的头可以给你，但是玄奘不能去。戒日王十分恼怒，一场战争一触即发。最终鸠摩罗做出了让步，同意玄奘去戒日王宫。戒日王以最高规格的礼遇接待了玄奘。他在曲女城为玄奘专门开设讲坛，讲授大乘佛法的精妙，并且在印度诸国都发了通告，请对佛教有研究的僧人和俗众都来听玄奘的讲经。彼时正值冬天，玄奘与戒日王乘船逆流而上，腊月才赶到曲女城的会场。印度五方的国家来了十八位国王，信奉大小乘佛教的三千多位僧人到场，婆罗门教等其他宗教的信徒两千多人到场，那烂陀寺有一千多位僧人到场。几千人的听众一时间全部汇集到曲女城，他们或乘车或乘大象，有的还有侍从，举着经幡，方圆几十里挤挤挨挨如云卷雾涌，成为闻名印度的盛景。

玄奘开讲的第一天，由于听众太多，会场内安置不下，许多人坐在了会场外面。玄奘作为论主，讲大乘佛教的精妙，请人写一本演讲记录，请会场外的听众传阅，若不赞同玄奘所讲的内容，可以任意发难，上来辩经。一天下来，竟没有一个人质疑，戒日王十分满意。如此讲了五天。有的信奉小乘佛教的僧徒见玄奘的讲经动摇了他们所秉持的观点，但又辩论不过，就心生歹意，意欲谋害玄奘。戒日王得知后，严令镇压。讲经共进行了十八天，没有一个人上前辩论。在讲坛结束后，玄奘收到了"大乘天"和"解脱天"两个称号，被大乘教徒和小乘教徒共同奉为大师。从中国来的玄奘在佛教圣地印度取得了前无古人后无来者的成就。

由于玄奘在印度的成名，戒日王向唐王朝派遣了使者——这是印度第一次向中国派遣使者。之后，唐王朝也向印度派出了使者，双方开始了友好的往来。印度的佛教文化吸引着玄奘不远万里来留学，而玄奘在印度的个人成就，也使戒日王对唐朝产生了兴趣。这是玄奘的历史功绩，同时也是文化交流所产生的魅力，使两个不同文化的国家有了密切而深远的联系。

玄奘前来印度的所有目的都已达成，此时的他渴望能够即刻启程返回大唐。在他临行前，戒日王又邀请他参加钵逻耶伽国大会场的无遮大施。结束后，戒日王与鸠摩罗又是一番挽留，启程时安排好了一应行资，又派人携带写给诸国的文书一路护送玄奘。

公元 641 年，玄奘离开印度返回中国，他再次踏上了数年前独自走过的漫漫丝路。与从长安出发时的孤身一人不同，返回时的玄奘携带了大量的经书和佛像，还有一支颇具规模的队伍。然而，雪山、沙漠并不会因此而更易翻越，玄奘面临的仍然是一场生命的历险。在艰险的旅途中，玄奘从高昌商人处听到了一个消息：高昌国王鞠文泰已经去世，高昌现在已经是大唐的西州。这令原本打算到高昌履行承诺讲经的玄奘感到十分遗憾。之后，玄奘到达了于阗，在这里他给唐太宗写了一道上书。在书信中，选择陈述了自己前往印度学法的经过，恳请唐太宗准许他回国。随后，他一边讲学，一边等待着长安的回复。这场漫长而宏伟的旅程，即将画上最后的句点。

鹫峰

鹫峰位于摩揭陀国宫城的东北部，因其形状极似一只鹫鸟而得名。如来曾经住在这里，讲授佛法。小说《西游记》中，唐僧就是在佛祖居住的灵山取得了真经。小说中灵山的原型，应该就是鹫峰。在《大唐西域记》的记载中，鹫峰有一座精舍，是如来的住处；南边的山崖下有一个佛塔，如来曾在这里讲授《法华经》；精舍旁边有一个大山洞，如来就在山洞里修行；精舍的侧面有几个石室，是如来的弟子舍利子等修行之处；石室前有一口井，已经干涸了；精舍东北方的大磐石，是如来晾晒袈裟的地方；鹫峰山顶北面还有一座佛塔，如来在此处讲授了七天的佛经。玄奘寻找着先贤留下的每一处痕迹，将鹫峰的地理分布、屋舍用途记录得一清二楚。

大雁塔——回国佛经终圆满

孤峰绝顶万余赠，策杖攀萝渐渐登。

行到月边天上寺，白云相伴两三僧。

——玄奘《题中岳山》

　　在玄奘踏上归程的时候，唐王朝已经步入了一个全新的盛世。唐太宗以隋末为戒，励精图治，他知人善任，从谏如流，整饬吏治，在短期内稳定了政局，减少赋税，使人民得以休养生息，不贬抑商贾，促进了经济的发展。此外，唐太宗重视文教，国家得以出现了文化复兴的局面。唐王朝国内的繁荣，自然也会影响到四方边地。据《资治通鉴》记载，唐太宗对边疆族群的态度仁厚宽容："自古皆贵中华，贱夷狄，朕独爱之如一，故其种落皆依朕如父母。"在怀柔羁縻的政策之下，唐王朝先后平定了突厥、薛延陀、回纥、高昌、焉耆、龟兹、吐谷浑，唐太宗实现了河清海晏、天下大同的政治理想。以回纥为首的少数族群都尊称唐太宗为"天可汗"，太宗成为各个族群的最高首领。以大唐为中心的丝绸之路新秩序已经建立，踏上丝绸之路前去朝见"天可汗"的族群首领以及使者不绝如缕。

　　当初，玄奘西行求法是在没有得到唐太宗允许的情况下执意而去的。如今，十八年过去了，远赴印度留学的玄奘满载而归，等待着"天可汗"的诏令，恳请唐太宗能够允许自己回到大唐。在玄奘抵达于阗半年后，他终于等来了大唐的诏书。唐太宗在诏书中并未责怪他，反而为他安排了返回的行程。于是，在公元645年，玄奘终于如愿，回到了阔别多年的长安。

玄奘抵达的那天，唐太宗命令梁国公房玄龄等官员迎接玄奘，又下令将玄奘带回的佛经、佛像、舍利等全部安置在弘福寺。第二天，朱雀大街的南面，玄奘所带回的印度佛像——陈列，这成为当时轰动全城的大事。朱雀大街的两旁，站着前来瞻仰的士子官僚，长安城各寺庙的僧人也都来相迎，俗众更是不计其数，朱雀大街上一时间人潮涌动，绵延几里，一直送到弘福寺的门口才慢慢散去。玄奘学成归来，成功地带回印度的佛经典籍，这将使大唐的佛教发生重大的变化。西行取经只是第一步，玄奘对印度佛教的东传所做出的贡献才刚刚开始。

一个月后，唐太宗在洛阳召见了玄奘。《大慈恩寺三藏法师传》记载了唐太宗和玄奘的大段对话。在两人的交谈中，太宗不断地询问玄奘有关西域的见闻，玄奘将目睹的风土人情、地理气候等见闻一一陈述，而且有条有理，太宗听了非常欣喜。在玄奘的计划里，他想禀明太宗自己翻译佛经的计划，但是，在太宗一再地追问西域见闻的情况下，他知道太宗对佛教之事并不感兴趣。唐太宗要求玄奘写一本西域游记，用来补足以前史书对西域记载的空白。唐太宗觉察到玄奘是能够辅助政务的人才，便劝说玄奘还俗做官，玄奘推辞了。玄奘又请太宗准许他去少林寺翻译佛经，太宗说无须去少林寺，在弘福寺的禅院翻译就行了，有什么需要都可以告诉房玄龄。

当时唐太宗正在积极开拓西域，建立丝绸之路的新秩序，这本西域记对于唐太宗来说是十分重要的资料。玄奘当然明白这个道理。回到弘福寺之后，玄奘积极撰写西域见闻，同时也开始了任务艰巨的佛经翻译工作。玄奘从印度带回来的梵文佛经多达六百多部，仅一部《瑜伽师地论》就有四万颂，汉语习惯将一颂翻译成 4 句，全部翻译成汉语，将有 16 万句，一百多万汉字。玄奘白天翻译佛经，晚上还要写《大唐西域记》，他每天的工作量是常人无法想象的。好在玄奘拥有一支强大的翻译团队，他汇集了全国各地的高僧，有的擅长梵文，有的通晓佛经，有的擅长汉文，他们各司其职，共同合作。

知识链接　扩展阅读

《西游记》与《大唐西域记》

　　玄奘在返回大唐后，在长安居住并进行佛经翻译活动。他向弟子辩机口述了自己西行取经的路途见闻，由辩机执笔写下了《大唐西域记》一书。该书全面记载了玄奘西行途中的所见所闻。

　　在玄奘逝世一千余年后，明人以玄奘的西行取经之事为蓝本创作出了一部神魔小说《西游记》。尽管小说仍是以玄奘作为主角，但其中的"唐僧"形象事实上已经不再是玄奘的本来面貌。《西游记》这部小说因其故事曲折，情节跌宕，语言通俗，在民间得到了广泛的流传，"唐僧"的形象也深入人心。及至今天，由于电视剧《西游记》的普及，民间对于玄奘的认识被剧中人物"唐僧"所遮蔽。从历史认知的角度来说，我们应对小说中的"唐僧"形象与玄奘法师做出区分，以《大唐西域记》一书作为指引，探寻历史上玄奘法师西行取经的真实过程。

一年后的秋天，《大唐西域记》完成，玄奘详细记录了所到的葱岭以西的 138 个国家，共 12 卷，献给唐太宗。玄奘在西域游历了 19 年，对诸国十分熟悉，从风土人情到地理方位，从历史沿革到现实情况，玄奘都记录得翔实缜密。唐太宗非常满意，对玄奘大加褒奖。这本书对于唐太宗乃至整个唐王朝的意义都是无与伦比的。唐太宗正准备用兵西域，《大唐西域记》是绝佳的行军指南。第二年，唐太宗就展开了对西域的大规模进攻，联合突厥、吐谷浑、吐蕃的军力一起进攻龟兹。龟兹被攻陷，安西都护府由西州迁往龟兹，并设置了龟兹、于阗、碎叶、疏勒四个军镇。大唐在西域的控制力进一步深入，丝绸之路上的东西方交流也逐渐进入了空前的盛况。

一年后的夏天，唐太宗在避暑的玉华宫再次召见了玄奘。唐太宗此次召见玄奘的目的仍然是劝玄奘脱下袈裟，辅佐朝政。或许是由于《大唐西域记》令唐太宗颇为满意的缘故，这一次，唐太宗劝说得语重心长。玄奘仍然辞谢了。玄奘将刚刚翻译完成的《瑜伽师地论》献给唐太宗，并请他为此书作序。唐太宗答应了玄奘的请求，挥笔写下了共 781 字的《大唐三藏圣教序》。这对唐代的佛教事业来说意义重大，表明佛教终于获得了皇家的支持。这一年，唐太宗敕令全国各大寺庙剃度僧人，一时间，增加了一万多名僧人。僧人的队伍壮大，玄奘的佛经翻译稳步进行，佛教义理混乱的局面即将终结，大唐的佛教迎来了春天。

皇太子李治追思母亲文德皇后，在长安创建慈恩寺。唐太宗让玄奘主持慈恩寺，他亲自率领皇太子和皇室家族欢迎玄奘入驻。在唐太宗生命的最后两年里，他与玄奘的交流甚多，并且一直关注着玄奘的佛经翻译工作。公元 649 年，唐太宗前往翠微宫，玄奘一路相随。其间，两人谈玄论道，在玄奘关于西域名胜古迹以及佛经因果的陈述里，唐太宗感慨与他相见恨晚，没能一起研究佛法。这位一生戎马倥偬的帝王或许在从印度归来的玄奘身上找到了内心最后的平静。不久后，唐太宗驾崩，皇太子李治继位，改元永徽。

三年后，玄奘在慈恩寺的西院修筑了大雁塔，将他从印度带回的佛经和佛像贮藏在这里。唐高宗也十分敬重玄奘，并且为他写下《大唐皇帝述三藏圣教记》。借助着皇家的影响力，佛教在大唐逐渐繁荣昌盛。已经五十岁的玄奘依然一心扑在佛经翻译的事业上。彼时，他已经翻译了一千多卷佛经。随着岁月的流逝，玄奘逐渐感受到体力正在一点一点衰退。他再次向高宗请求回到故乡的少林寺。这一次仍然没有得到准许。玄奘不堪杂事的打扰，急于翻译剩下的佛经，便移居玉华寺，在这里完成了《大般若经》的翻译。公元664年，他的精力每况愈下，身体也日渐衰弱。他自知命不长久，绝笔不再翻译经书。当年正月的某一个夜晚，他的眼前出现了盛大的白莲花，心中充满喜乐。这或许是他临终前的一场幻觉，又或许是他对于自己一生所追求的那些佛学问题的最终回答。数日后，玄奘已

图 13　大雁塔

经不进水米，即将圆寂。临终前他的弟子问他："和尚决定能生弥勒内众不？"（和尚你能去往极乐净土吗？）玄奘说："得生。"说完不久，玄奘便溘然长逝。

知道玄奘圆寂的消息后，长安城中的百官和百姓无不哀恸哭泣，有万余人自发赶来为他送葬，追悼这位历经磨难、穿越丝绸之路远赴印度求取佛法的高僧。唐高宗依照玄奘生前"择山涧僻处安置，勿近宫寺"的遗言，将玄奘的遗骨舍利安葬在西安郊外的白鹿原。数年后迁葬于兴教寺，并修建佛塔，供后人纪念。

据统计，玄奘翻译的佛经共 75 部，1335 卷。这些佛经终结了中国佛教典籍译介混乱的状况，印度的佛学与中国的佛教碰撞融合，最终形成了具有传统中国特色的佛教。通过玄奘，西域的众多国家

知识链接 扩展阅读

义净与小雁塔

　　义净，唐代僧人，他年幼出家，因仰慕法显、玄奘等高僧的西行取经事迹，立志西行求法。唐高宗咸亨年间，义净从广州取道海路到达印度，在十几年间游历几十个国家，取回梵本经文数百部，返回大唐，悉心进行佛经的翻译工作。

　　唐中宗景龙年间，为存放义净取回的经卷，僧人道岸在当时的长安城中修建了一座塔院，当时这座塔被称为荐福寺塔，因其外形与大雁塔相似，但略小，又被称作小雁塔。和大雁塔一样，小雁塔也是古城西安保存完好的重要历史文化遗迹之一。

认识了大唐，同时，大唐也通过玄奘重新了解了遥远的西域——不仅如此，时至今日，玄奘的事迹依旧为现代中国与中亚、南亚地区国家的友好往来做出着巨大贡献。在那条望不到尽头的丝绸之路上，玄奘的事迹久久流传，从未被人遗忘。这位高僧的故事和精神始终激励着后来者再次踏上丝路，前往更远的地方，寻求自我与未知。

第四章

僧侣的故事

第五章　长安往事

前图部分选自建筑史学家杨鸿勋先生《陕西西安汉
长安城未央宫遗址前殿复原设想鸟瞰图》

西都赋——长安的早期营建

封畿之内，厥土千里遍掉。逴跞诸夏，兼其所有。

其阳则崇山隐天，幽林穹谷。

陆海珍藏，蓝田美玉。商洛缘其隈，鄠杜滨其足。

源泉灌注，陂池交属。竹林果园，芳草甘木。郊野之富，号为近蜀。

其阴则冠以九峻峻，陪以甘泉，乃有灵宫起乎其中。

秦汉之所极观，渊云之所颂叹，于是乎存焉。

——班固《西都赋》

　　黄河蜿蜒千里，自河套平原急转向南，将黄土高原一分为二，一侧是有"表里山河"之称的山西省，另一侧则是被称作"八百里秦川"的陕西省。经渭河及其支流的反复冲积，古代陕西关中地区形成了一片地势平坦、土壤肥沃的平原，在那里，坐落着一座古老的城市——长安城。

　　长安是西安的古称。自西周至唐代，它曾作为十三个王朝的都城，在长达千余年的时间中，见证着中国历史的前进与发展。古长安城规模宏大，各个建筑和街道均以对称的结构整齐排列，具有严谨的规划和近乎完善的天人相应构造，以至于如今人们依然对它的城市格局叹为观止。

古长安城最早的营建，开始于公元前12世纪的西周时期。周文王姬昌在位时，击败了关中东部的崇国，消灭了关中地区的敌对势力。周文王遂带领臣民迁徙至此，在丰水（现在的沣河）的西侧建造了丰京，以这里作为新的都城。至周武王在位时，他又将都城迁到了丰水东侧，建立了镐京。丰京和镐京隔水相望，是西周早期都城的两个部分，分别发挥着不同的政治作用，被合称为丰镐，这就是长安城最早的雏形。

丰镐的地理位置十分优越，东临崤山、函谷关，南有秦岭作为一道天然的屏障，连绵的山地与黄河将关中平原围合成一个盆地，对于战略部署非常有利，攻守皆宜。在秦代以前，丰镐只是一个中等规模的城市，而这个名字的由来与丰水和镐水（又称鄗水）息息相关。郦道元的《水经注》写道："丰水出丰溪西，北流分为二水，一水东北流为枝津，一水西北流又北交，水自东入焉。又北，昆明池水注之，又北径灵台西，又北至石墩，注于渭。"又道："渭水又东北与鄗水合，水上承鄗池于昆明池北。周武王之所都也。"这说明在西周时期，丰水与镐水就和渭水（现在的渭河）连通，并与昆明池相接。在渭水的灌溉下，关中平原土地肥沃，地势平坦，丰镐也凭借天然的水利资源而逐渐发展成关中地区最重要的城市。

那么这座周代王都的构造是何种情况？《周礼》中记载道："匠人营国，方九里，旁三门。国中九经九纬，经涂九纬，左祖右社，面朝后市，市朝一夫。"所谓"匠人营国"，指的是周代工匠建立都城丰镐。我们大致可以通过这段话看出这座古城的面貌：它是一个以王宫为中心而建造的方形城市，长宽各九里，城池每边有三个门，城内有纵横南北、东西的主要道路各九条，交通十分便利。周王室

宗庙建在王宫左侧，是天子用来祭祀祖先的场所，社稷坛则建于王宫右侧，是祭祀神祇之地，二者都是国家政权的象征。城南是朝堂，这是群臣朝拜天子的地方，城北则是市场，朝堂和市场各占"一夫"之地（约一百亩）。丰镐的城市格局充分体现了中国传统"礼"的精神，并对后世都城的修建产生了极为深远的影响——明清时的北京城，就是依照"左祖右社，面朝后市"的规则而营建的。

在三百余年的时间里，丰镐一直是西周的王都。公元前771年，犬戎（《史记·周本纪》提及）攻破丰镐，周幽王被杀，继位的周平王东迁洛邑，丰镐作为周代都城的历史告一段落。丰镐地区也被周平王分封给秦襄公，秦国由此立国，成为诸侯国之一。历经春秋战国数百年的纷乱，至公元前3世纪后期，秦国先后消灭韩、赵、魏、楚、燕、齐六国，完成了统一中国大业，秦成为一个"大一统"国家，建都于咸阳。据《史记》记载："秦每破诸侯，写放其宫室，作之咸阳北阪上。"（秦每次攻破一个国家，便仿照其宫殿的样子在咸阳北阪一带建筑宫室。）后来秦始皇在渭南地区又兴建了一批宫殿群，包括章台宫、信宫、兴乐宫、长杨宫、甘泉前殿等。秦初的咸阳已逐渐发展成一个横跨渭水南北的繁荣城市。

但是，随着咸阳的兴盛，大量的人口迁徙至此，一时间，咸阳人口急剧增加，旧有的城市格局几乎难以容纳。《史记》称："始皇以为咸阳人多，先王之宫廷小，吾闻周文王都丰，武王都镐，丰镐之间，帝王之都也。乃营作朝宫渭南上林苑中。先作前殿阿房，东西五百步，南北五十丈，上可以坐万人，下可以建五丈旗。"秦始皇认为咸阳人口众多，但城市规模有限，宫殿难以扩大，没有帝王之势。由此，秦始皇有了兴建新宫城的计划。他心目中的理想的地点在渭水南部的上林苑一带。于是在秦始皇三十五年，秦始皇下令在渭南建立一座规模宏大的宫殿，这座宫殿的前殿，被称为阿房。正如唐

约法三章与鸿门宴

约法三章的典故出自《史记·高祖本纪》。公元前206年，刘邦率军进入关中，到达霸上，子婴投降。为了取信于民，刘邦召集关中各县乡绅及豪杰，向他们发布了告示，约定了三条法律：杀人者处死，伤人者要抵罪，盗窃者也要判罪。百姓都对此表示赞同和拥护。刘邦又派人广泛宣传约法三章，也得到了百姓的拥护。这便是"约法三章"的典故。

约法三章令刘邦获得了民心，但最终却并未使他成为关中王。项羽在军至函谷关后，并未如楚怀王之约将关中分封给刘邦，反而将刘邦视为对手，遂在鸿门设下酒宴命刘邦前来，欲趁机杀死刘邦，此即著名的"鸿门宴"。但刘邦十分隐忍，他在鸿门宴上向项羽谢罪示好，使得项羽动摇了杀死他的决心。最终，刘邦在项庄等人的帮助下得以逃走。与刘邦不同，项羽入咸阳后下令屠城，并将城市焚毁。随后在戏下分封十八诸侯，回军楚地。两年之后，被封为汉王的刘邦率军暗度陈仓，进入关中地区，开始与项羽角逐天下，楚汉战争自此展开。

约法三章与鸿门宴都是楚汉战争中流传极广的故事，刘邦和项羽不同的性格似乎预示着楚汉战争的最终结局。秦末的咸阳见证了楚汉争霸的早期历史，并和秦王朝一起在纷乱的战火中毁灭，成为历史中的一段记忆。直到西汉建立后，长安作为汉代都城，才得以在咸阳城的旧址之上获得重生。

人杜牧所作的《阿房宫赋》一文所描述的那样："六王毕，四海一。蜀山兀，阿房出。覆压三百余里，隔离天日。骊山北构而西折，直走咸阳。二川溶溶，流入宫墙。五步一楼，十步一阁。"可以想见，这座秦始皇心目中的帝王之都，气势是何等地恢宏。然而它最终并未能够如秦始皇所愿完全建成。秦始皇三十七年，始皇在东巡途中病死，始皇次子胡亥继位，是为秦二世，阿房宫的修建陷于停滞。很快，全国范围内爆发了声势浩大的反秦起义。各路义军以"伐无道，诛暴秦"为口号，推翻了秦王朝的统治，阿房宫最终未能建成。而闻名天下的秦都咸阳，也在秦末起义的浪潮中被西楚霸王项羽屠城，历代秦王所居的宫殿咸阳宫，亦被项羽焚毁殆尽。

公元前 202 年，刘邦在楚汉战争中获胜，建立汉朝，定都长安。班固在《西都赋》中借长安宾客与洛阳主人的一问一答，描述了汉高祖定都长安的故事：博学的宾客向求教的主人说道："大汉受命而都之也，仰悟东井之精，俯协《河图》之灵。奉春建策，留侯演成。天人合应，以发皇明，乃眷西顾，实惟作京。"高祖在击败项羽之后，在定陶（今山东菏泽市定陶区）称帝登基，随后取道向东，经过洛阳时，认为这里居天下之中，又距故乡沛县较近，便计划定都于此。但他的臣下娄敬——也就是那位宾客口中的"奉春"（娄敬号奉春君），却建议高祖建都在关中一带。他指出："秦地被山带河，四塞以为固，卒然有急，百万之众可具。因秦之故，资甚美膏腴之地，此所谓天府。陛下入关而都之，山东虽乱，秦故地可全而有也。夫与人斗，不搤其亢，拊其背，未能全胜。今陛下入关而都，按秦之故，此亦搤天下之亢而拊其背也。"在娄敬看来，关中有高山庇护，黄河环绕，四面边塞，是天然的防线，即便有突发状况，百万之众的雄兵也可以抵挡。另外，关中土壤肥沃，物产丰富，以秦国之前在此地的经营作为基础，在这里建都就等于占据了天府之地，把都城建立在函谷关以内，不仅牢牢控制住秦国原有的地区，还能扼住天下的咽喉。除了娄敬，汉留侯张良也认为关中地区"沃野千里"，是"金城千里，天府之国"。在娄敬、张良二人的建议下，汉高祖最终决定建都关中，在秦都咸阳的旧址上兴建了新的城市，取名长安。

长安，取"长治久安"之意，我们可以从这个意味深长的名字中窥见两千多年前汉高祖刘邦对于天下太平的一份期冀。这座城市在焚毁的咸阳城上被重建，在经过了高祖、惠帝、文帝、景帝时期的营造后规模日盛。汉武帝继位后，对长安城进行了大规模的营建，长安城以其宏大的规模和完善的布局，事实上已经成为当时中国乃至世界上最宏伟的都市。自武帝时期"大一统"局面形成以来，汉

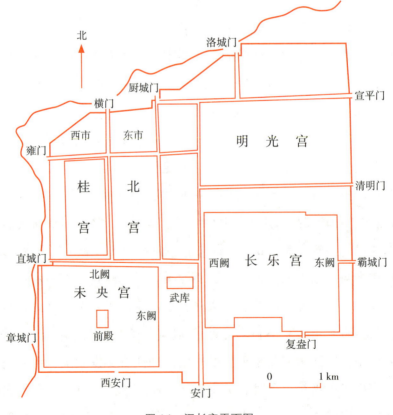

图 14　汉长安平面图

帝国事实上已经成为一个疆域幅员辽阔、政治制度统一、文化高度集中的君主集权制国家。长安作为西汉都城，居天下之中，又是皇帝的居城，因此其政治中心的地位十分突出。如果把汉帝国看作一部庞大的机器，那么长安即是这部机器的中枢核心。朝廷的政令由此发出，发往天下各郡县。于是这座城市在某种程度上也是王权的一种象征。拥有长安，似乎也就获得了拥有天下的资格。

知识链接　扩展阅读

汉三宫·长乐

　　高祖在秦代兴乐宫的基础上修建了长乐宫，作为天子的正宫。宫殿位于长安城的东南角，在安门大街的东边，又称东宫，是汉高祖定都长安后营建的第一所宫殿。根据《汉书》记载：公元前202年，"徙诸侯子关中。治长乐宫"。长乐宫是在秦都兴乐宫的基础上建成的，规模很大，是汉长安城里最大的一座宫殿，占据了长安城约六分之一的面积。长乐宫在汉初既是天子居所，又是朝堂，汉高祖刘邦就在这里会见臣僚，处理朝政。

　　未央宫建成后，取代了长乐宫成为朝宫。自汉惠帝起，皇帝亦居于未央宫中。长乐宫自此便作为太后宫殿使用。这里最著名的故事莫过于西汉开国名将韩信之死——这位战功赫赫的淮阴侯，正是被吕后用计骗入长乐宫后受缚，并最终在宫殿的钟室中为吕后所斩。民间往往称韩信被斩于未央宫，并有诸多戏曲、小说进行各种演绎，这仅仅是一种误传，并非真实的历史。

汉三宫·未央

　　未央宫是汉武帝以前的列位皇帝居所，始建于汉高祖时期，建造者是萧何。据《汉书》记载："萧何治未央宫，立东阙、北阙、前殿、武库、大仓。"这座宫殿极为富丽堂皇。汉高祖初次参观未央宫时，认为这座宫殿太过奢华，愤怒地责问萧何："天下匈匈，劳苦数岁，成败未可知，是何治宫室过度也！"而萧何则回答称正是要在天下未定之时修建宫殿，以此来显示天子的威严，并令后世不要再行增建。汉高祖由此消除了疑虑。未央宫建成后，成为皇帝居所和朝宫，在长安城的地位举足轻重。西汉之后尽管长安城逐渐衰败倾圮，但未央宫却长久地保存下来，作为后世王朝的皇宫正殿一直沿用至隋初。唐代建立后，汉长安城成为皇家御苑的一部分，最终在唐末的战乱中毁于战火。

　　未央宫与长安的历史始终有紧密的联系，它与长安城同时被营建，也同时被毁弃，前后留存了一千余年。未央宫是汉三宫中保存时间最久的宫殿。

汉三宫·建章

　　建章宫是西汉武帝时期建造的一所宫殿，位于汉长安城外的上林苑中。建章宫的规模颇为宏大，据《三辅黄图》记载："（建章宫）周二十余里，千门万户，在未央宫西、长安城外。"建章宫建成后，汉武帝曾经在那里理政。新莽末年，建章宫在战乱中被毁，辉煌一时的华丽宫殿就这样湮灭在历史的烟尘里。

汉武帝时期，西汉国力逐渐强盛，彼时的长安城也随之成为汉帝国的政治、经济、文化中心。随着张骞出使西域，丝绸之路作为连通东西的商道得以开辟，这为长安城的繁盛锦上添花。各地商人来此贸易，不同文化互通交流，各国使节来此朝贡——汉代的长安城此时俨然成为一个国际性的大都会，也是古代中国探寻外部世界的最初起点。

西汉末年，汉帝国的国力逐渐衰落，王莽篡权，代汉立新。由于他一系列的政策失当，引发了全国范围的起义反抗。随着义军攻入长安，新朝覆灭，长安城也被战火波及——武帝时期兴建的建章宫正是在此时被毁。东汉建立后迁都洛阳，至汉献帝时期董卓挟持天子重返长安，这里短暂成为东汉都城，此时长安的繁荣程度已远不及西汉，随后频发的战乱更令长安连遭破坏。至西晋时期，永嘉之乱的爆发使整个中原地区陷入了长期的混战局面。长安城在西晋时期遭受了重创，昔日富丽的宫殿被摧毁，长满了野草，昔日繁华的闹市也已不见人迹。《晋书·愍帝记》记录了当时长安城的颓败："长安城中，户不盈百，墙宇颓毁，蒿棘成林。"北朝时期的历代政权虽然对长安有过部分修补，但已无力恢复长安在西汉时期的辉煌，汉长安城就这样渐渐走向了衰败。

不见长安

《世说新语》中有这样一个故事：晋明帝年幼时，坐在父亲晋元帝膝上。恰有一人自长安来，晋元帝问起洛阳的消息，随即潸然泪下。明帝问父亲因何哭泣，元帝便将宗室东渡的缘由告诉了他，随后又问道："汝意谓长安何如日远（你看长安和太阳相比，哪个远）？"晋明帝回答称："日远。不闻人从日边来，居然可知（太阳远，不曾听说有人从太阳那里来，所以知道）。"元帝对这一回答感到十分惊奇。次日，元帝召集群臣饮宴，让明帝把他的回答再说一次。但明帝却说："日近。"元帝失色问："尔何故异昨日之言邪？"明帝回答："举目见日，不见长安（抬头就可以看到太阳，却看不到长安）。"

晋明帝和父亲的这段对话应当发生在西晋永嘉年间。彼时恰逢西晋八王之乱刚刚结束不久，晋王朝元气大伤，国势衰微。而游牧族群恰在此时南下，中国北方再次战乱四起。为避兵祸，士族和百姓开始大量南迁至较为安定的江南地区，这一过程被称作"永嘉南渡"。公元311年，匈奴（前赵）攻破洛阳。316年，长安亦被攻克，西晋灭亡。中国北方因战乱而遭受了巨大破坏，长安城也正是在这一过程中逐渐衰落。而所谓"不见长安"，既诉说着东晋士族故土难回的悲切，又道出了晋王朝国力衰微的现实。

古意长安——丝绸之路的起点

一曲阳关情几许，知君欲向秦川去。

白马皂貂留不住。

回首处，孤城不见天霖雾。

到日长安花似雨，故关杨柳初飞絮。

渐见靴刀迎夹路。

谁得似，风流膝上王文度。

——苏轼《渔家傲·一曲阳关情几许》

自长安出发，向西经过河西，过玉门关、阳关抵达西域诸国，这便是汉代丝绸之路最初的路径。公元前139年，时年二十六岁的张骞在长安城的未央宫中接过了汉武帝手中的节杖，率众出使西域，前往大月氏联络共抗匈奴事宜。但不久后他为匈奴人所获，在长达十余年的时间里困居在匈奴境内。漫长的时光中，他始终保持汉节不失。可以想见，或许他自长安与武帝辞别时那一刻的景象，曾无数次在他的记忆中闪回。宋代词人辛弃疾有"西北望长安，可怜无数山"的词句，这恰好真实地反映出了张骞在匈奴时的心境。直到离开长安十三年后，张骞才最终得以重返故土，尽管他并未实现联合大月氏的目的，但做出了凿空西域、开辟丝路的巨大贡献。

此后，丝绸之路成为西域与中原的重要商道，开始推动着汉王朝与西域诸国的政治交流与商贸发展。为了促进西域的稳定和丝绸之路的畅通与安全，汉王朝非常重视基础设施的建设，修建了丝绸之路沿线的道路，并且设置了亭障，为路上的商旅提供了休憩和饮食的场所。这些基础设施的逐渐完善很大程度上促进了丝绸之路的繁荣。彼时的长安城，外商云集，商旅不绝。一方面，西域各国派往汉廷的使者往来朝觐，商人们也常常组成几十人乃至几百人的商队，运载着来自各地的珍奇物产来到长安进行贸易。《汉书·西域传》详细地描述了丝绸之路开通之后西域诸国至长安贸易的盛景："自是之后，明珠、文甲、通犀、翠羽珍盈于后宫，蒲梢、龙文、鱼目、汗血之马充于黄门，巨象、狮子、猛犬、大雀之群食于外囿。殊方异物，四面而至。"通过这些描绘，我们似乎看到了千年前长安城中的繁盛与辉煌。另一方面，丝绸之路的兴盛也为前往西域的汉使、商人提供了良好的商机，他们在丝路上络绎不绝，汉地的特产也大量外运，特别是传统丝绸——西汉初年的文景之治，使得秦末以来遭受破坏的农业获得了恢复和发展，桑蚕技术也逐渐成熟，这为丝绸的大批量生产奠定了基础。中国古代的手工艺精巧绝伦，花样繁多、精致华美的丝绸源源不断地生产出来。彼时的长安城里，有专门用来制造丝绸的东西织室，不仅如此，在上林苑里还有专门的蚕室和茧馆。在民间，家家种桑，户户养蚕成为一个普遍的现象。"男耕女织"也是当时中国农户的生产方式，并且长期地存续，最终成为中国传统文化的一部分。丝绸之路的畅通为中国的丝绸打开了销路，丝绸的需求量成倍增长。

汉代丝绸之路的繁荣也促进了西域诸国与中原王朝之间的文化交流。从西域传来的歌舞在长安风靡一时，箜篌、琵琶、胡笛、胡笳等乐器丰富了人们的文化生活，胡乐在长安迅速流行起来。同时，

汉代丝织业机构

丝织业在汉代获得了长足的发展，出现了两大丝织品生产中心：以临淄为主的齐鲁，以陈留、襄邑为主的河洛平原。汉代丝织业分为私营和官营两种形式，私营主要是由私人作坊或家庭进行生产。而官营丝织业主要包括织室、蚕室、服官三种机构。

织室　在汉代，织室是官营丝织品生产管理机构。西汉时期，织室分为东织室和西织室，负责管理的官吏有东织室令和西织室令等，隶属于少府。根据《三辅黄图·未央宫》所载："织室，在未央宫，又有东西织室，织作文绣郊庙之服。"可以看出，西汉时期的织室在未央宫中，负责生产宫廷祭祀所用服饰。汉成帝时期，裁撤东织，改西织为织室。

蚕室　除织室之外，汉代还设置了蚕室。蚕室是为织室提供生产原料——蚕丝的机构。据《汉官六种·汉官旧仪》所载："皇后春桑，……于苑中蚕室，养蚕千薄以上。……凡蚕丝絮，织室以做祭服。"可明确得知蚕室是织室的原料供给地。蚕室隶属于少府，设蚕室令、丞负责管理蚕室的生产。

服官　汉代服官是专门为宫廷制作丝织衣物的工官，主要有三种类型：齐三服官，陈留邑所设的服官以及京师、郡国工服官。

到长安来的胡商以及诸国的使臣积极学习汉文化，以便将汉帝国先进的农耕技术带回西域。可以说，丝绸之路的开辟和畅通推动了古代中国族群的自然凝聚，为中国多民族国家的形成奠定了基础。应该说，汉长安既是西域胡商来汉贸易的目的地，也是古代中国走向世界的历史起点。

知识链接 **扩展阅读**

大鸿胪

汉代长安城十分繁华，来自西域的商人和使节众多。汉廷为此专门设置了相应的接待使节和商人的官职：大鸿胪。早在秦代，就有掌管诸侯及少数族群事务的"典客"一职。汉朝沿袭了这一传统，但在汉景帝时将典客改为"大行令"，到了汉武帝时期改为"大鸿胪"。秦汉时期，诸侯、少数族群的君长以及外国君主或使者都被视作皇帝的宾客。当外国宾客到来时，一应的接待和相关礼节的事宜都由大鸿胪负责。

开元通宝——隋唐时期的长安

山河千里国，城阙九重门。

不睹皇居壮，安知天子尊。

——骆宾王《帝京篇》

骆宾王的这首《帝京篇》，书写的是初唐年间长安城的盛景。早在公元676年时，这位一生落魄的诗人调任长安，并写下了这组诗篇。此诗红极一时，在京畿被认为是绝唱般的作品。

尽管骆宾王的作品难免有夸大的成分，但毫无疑问，彼时的长安是一座首屈一指的国际性大都市。"城，所以盛民也""城者，所以自守也"，可见"城"的主要功能在于居住和守备；"市"则是进行交易的场所，"城市"需兼备两种功能。而长安作为唐朝的国都，将"城"与"市"的功能都发挥到了极致。这座城市拥有天然的地理优势，它占据着中原地区的中心位置，是丝绸之路的东方起点，同时也是隋唐大运河的起点，水路、陆路交通都极为便利。

隋文帝杨坚建立隋朝后，最初定都于汉长安，但汉长安年久失修，已显出破败景象，于是隋文帝另选了一块灵秀之地建造新都，名为"大兴"。在宇文恺的主持下，用了一年左右的时间就建成了宫城和皇城。隋炀帝继位之后，开凿了一条连通大兴和扬州的运河，采渭水通黄河。后来又在宫城和皇城的外围修筑外郭城，奠定了长安城的总体格局，同时也是唐代长安城的雏形。

公元618年，李渊称帝，唐朝建立，将"大兴"改为"长安"，此后多加修建、完善，一座闻名世界的大都市应运而生。唐长安城的规模之宏伟当世罕有，大约有汉长安城的2.5倍，而最为世人称道的则是它独具一格的城市格局。到了唐代，中国的经济、社会和文化均获得了举世瞩目的发展，都市形态也焕然一新，在中国古代都城史上留下了浓墨重彩的篇章。而都市的形制、地理、里坊、宅邸甚至风俗等社会情状都引起了许多文人的注意。作为唐代的政治、经济和文化中心，长安更是激起了有识之士研究、记述的热情，为后世留下了许多关于唐代长安的珍贵史料，其中最为著名的就是韦述的《两京新记》和宋敏求的《长安志》。

唐长安城包括宫城、皇城和京城三个部分。其中宫城是皇室居所，皇城中设有王朝政治机构，而京城也称作外郭城，是贵族官吏、百姓、商贾及各色人等聚集的地方。城内南北11条大街，东西14条大街，把居民住宅区划分成了整整齐齐的108坊，其形状近似一个围棋盘，井然有序正如白居易的诗句中所描绘的——"百千家似围棋局，十二街如种菜畦"。城市如棋盘一般，各种建筑如棋子一样错落其间。长安的四面外城各有三个城门，贯通十二座城门的六条大街是全城的主干道。其中，朱雀大街是一条贯通南北的中轴线，它衔接宫城的承天门、皇城的朱雀门和外城的明德门，把长安城分成了东西对称的两部分，东部是万年县，西部是长安县，东、西两部各有一个商业区，称为东市和西市，汇集了长安城主要的商业活动。由于长安的交通十分便利，西域人来这里无论是通过水路还是经由陆路都是极方便的。这些从西域来长安的人，唐人都将其称为"胡人"。长安两市聚集了很多胡人，进行贸易、传教等活动，促进了大

古道西风
Gudao Xifeng
一口气「走」完丝绸之路（青少版）

《两京新记》与《长安志》

　　《两京新记》是唐代人韦述在开元年间所作的一部关于唐代长安和洛阳的专门性著作。根据《旧唐书·韦述传》的记载，韦述家学深厚，自幼饱读儒学经典，并且善于著书作文。《两京新记》是汉唐时期关于长安、洛阳著作的集大成之作，但是该书只留存了第三卷的摘抄本，其余部分已经散佚。因全书散佚，我们无法看到整部书的全貌，留下来的卷三残文大多是记述寺院和道观的内容。

　　《长安志》是北宋时期宋敏求所著的一部专门记述唐长安的宫城、里坊以及属县的著作。在《两京新记》的基础上，《长安志》对于长安城的记载更为完善清晰，不仅对宫室、宅第、里坊、寺观等详细记录，还将长安城的历史追溯至周、秦时期，关注长安城的历史沿革。梳理长安在历史上的名称变化、官府设置的情况、地域的变化、土产贡物、风土人情等，可谓是唐长安的全方位记录。准确记录了皇城中每一个城门的位置、名称以及周围的官府，还记录了贵族宅邸、寺观、祠堂等，详细记录每一条街道的名称、形制，对众多的里坊也都一一记述。不仅如此，《长安志》还涉及了长安各属县的情况。《长安志》体例完备，记述详尽，是研究唐长安都城的珍贵史料。

　　唐和西域之间的经济、文化交流。唐长安城里最为壮观的建筑就是"三大内"。唐朝初期，对隋大兴宫进行了改建，建成了太极宫。之后又兴建大明宫和兴庆宫。这三座宫殿合称为"三大内"。

以三大内为主体的宫城区域是最高统治者处理朝政和居住的场所。宫城的南部是皇城，也是重要的行政区域，分布着众多的中央衙署。承天门的东面有门下外省、殿中省、尚书省、太仆寺、太府寺、太常寺、光禄寺等官府；承天门的西面有中书外省、秘书省、司农寺、大理寺、卫尉寺、宗正寺、鸿胪寺、御史台等官府。而外郭城基本上都是居民区，城内东西14条大街，南北11条大街，将全城分割成大小不一的诸多<u>里坊</u>。其中，皇亲国戚和贵族等上层人士多住在城东靠近皇城的区域。而内侍省的官员大多紧靠宫城居住。商贾人士大多居住在东西两市周围。其余里坊居住着平民百姓。总体来看，长安城布局严谨，以宫城的承天门、皇城的朱雀门和外郭城的明德门之间的连线为中轴线，贯穿全城南北，左右对称。

作为唐代中国的经济中心，长安的商业非常繁荣。而且，在唐太宗时期，丝绸之路重新归于通畅和繁荣，而长安作为丝绸之路的起点，在中外的国际贸易往来过程中发挥了重要的作用。在长安城布局如棋盘的里坊之间，坐落着长安城最为热闹的市场区——东西两市。与长安城整体的建筑理念一致，东市和西市沿朱雀大街中轴线左右对称。《长安志》对于东市的形貌这样写道，"东西南北各六百步，四面各开二门，定四面街各广百步；北街当皇城南之大街，东出春明门，广狭不易于旧；东西及南面三街向内开，壮广于旧街"。《长安志》对于西市的记述则相对简略，"南北尽两坊之地，市内店肆如东市"。综合起来，我们可以大致窥探东西两市的位置和形制：东西两市都在皇城的南部，位于东西向的交通要道春明街的南面，东市在东端，西市在西端，各占两坊的面积。两市的位置交通十分便利，从春明门到金光门的东西大街很宽阔。出了春明门可以到达灞桥，从灞桥经过蓝田，可以抵达中国的东南方。而出了金光门再向西就是通往西域的丝绸之路，胡商前往两市也非常方便。另

古道西风
Gudao Xifeng
一口气「走」完丝绸之路（青少版）

三大内·太极宫

太极宫是在隋大兴宫的基础上改建的，在三大内中被称为"大内"。太极宫的地理位置得天独厚，北依龙首原，位于长安城中轴线的最北部。根据中国古代城市规划中的"天人合一"的思想，宫殿建筑的位置要参考星宿的位置来确定，位于北天中央的紫微星象征着至高无上的皇权，那么最为尊贵的紫微宫也要坐落在北方。位于长安城北端中心的太极宫寓意着"南面称王"。太极宫的中部是皇帝办公、居住的地方；东部是太子居住的东宫；西部是掖庭宫。在唐高祖和唐太宗时期，太极宫作为唐代的政治中心发挥了巨大的作用，将唐代推向盛世的"贞观之治"就在这里展开。

三大内·大明宫

大明宫位于太极宫的东面，又称"东内"，是三大内中规模最大的一座宫殿群，于公元634年唐太宗时期开始修建。大明宫依照龙首原的地势而建，最初为唐高祖李渊的居所。公元662年，唐高宗对大明宫进行了扩建，并于次年，唐高宗由太极宫搬到大明宫理政和居住。此后，唐朝历代皇帝都在这里居住、理政。大明宫布局巧妙，以丹凤门、含元殿、宣政殿、紫宸殿为中轴线，形成外朝、中朝、内朝三个部分。

三大内·兴庆宫

兴庆宫位于长安外郭城的兴庆坊。唐玄宗做藩王时的府邸就在兴庆坊。唐玄宗登基之后对其进行了大规模的扩建，兴庆宫遂成为三大内之一，又称"南内"。不同于宫殿传统的建筑格局，为了将龙池和原有建筑纳入其中，兴庆宫形成了北宫南苑的布局，由北部宫殿区和南部园林区组成。扩建后的兴庆宫成为唐玄宗居住和听政的正式宫殿。而唐玄宗后期沉溺于声色犬马，疏于朝政，兴庆宫也越来越奢华。公元755年，安史之乱爆发，次年，唐玄宗逃亡四川。一年后，郭子仪率兵收复了长安。之后，唐玄宗回到长安仍旧居住在兴庆宫。但是不久后，玄宗之子唐肃宗就强迫他搬离兴庆宫，住在太极宫的甘露殿。从此以后，兴庆宫便被闲置起来，成为一个清闲的离宫。

外，从长安城的平面图来看，东西两市大概位于长安城的中部位置，无论居于城北还是城南的居民，前往两市的距离均大致相当。

虽然东西两市都作为长安城的市场区，但是由于东市和西市周边环境的差异，形成了各自不同的特征。首先说说西市：随着唐代贞观盛世局面的展开，唐王朝与西域的联系往来非常密切，而丝绸之路也迎来了空前的发展机遇。长安城中居留着西域各国的朝贡使者、贵族、僧侣、商人。他们中间的很多人来到长安以后，便不再返回西域，在长安定居下来，这些人在唐代被称为"胡人"，而来长安经商贸易的西域人则被称为"胡商""藩客"。胡人经过丝绸之路前往长安，必定会进入金光门。此地距西市较近，兼之西市一带商业发达，交通便捷，因此胡商、胡人大多聚集在金光门至西市附近。这些"胡人"通常情况下聚居在西市周围，因此，长安城朱雀

里坊制度

里坊是中国古代城市的基本组成单位。早在先秦时期，就出现了"里""闾"和"闾里"的称谓，到北魏时期，"坊"出现了，再到唐代，往往里坊并称。在唐代的长安城，里坊成为城市规划的基本用地单位，同时里坊制度也是一种有效的城市管理制度。唐长安对里坊居民的日常生活出行施行严格的控制。除了三品以上的官员，一般的居民只能从坊门进出。此外，还施行宵禁，到了傍晚时分，以鼓声作为信号，街上的人们都必须返回自己的住处。封闭的里坊制度便于统治阶级对市民进行控制。皇宫贵族、官员与市民的居住地通过封闭的坊墙严格区分开来，体现出鲜明的等级特征。随着经济和社会的发展，到了宋代，封闭的里坊制逐渐被街巷制取代。

大街以西建有许多胡寺。西市的店铺也有许多是由胡人在经营，这使得长安呈现出文化的多元性——例如李白的《少年行》诗中就曾经这样写道："五陵年少金市东，银鞍白马度春风。落花踏尽游何处，笑入胡姬酒肆中。"诗中所言的"金市"或许指的就是西市。我们可以看到，早在唐代的长安城，西市上的胡人酒肆便已经出现。此外，由于胡商的普遍存在，市场上流通着大量的西域商品，此外，由于西市周围的里坊居住的平民较多，人口流动性较大，市场上的商品也很丰富多样，从生活用具（如牲畜、衣物、食品）到服务性商品（如酒楼、卜肆），不一而足。

与西市不同，东市周围居住的大多是官员，具有浓厚的官邸氛围。《长安志》这样描述东市："市内货财二百二十行，四面立邸，四方珍奇，皆所积集。万年县户口减于长安，又公卿以下居止多在朱雀街东，第宅所占勋贵。"以朱雀大街为界，长安城被分成东西两个区域，东面属于万年县，西面则属长安县管辖。通过《长安志》对东市的描绘，我们可以看出，长安城东的人口要比长安城西的数量少，相比之下，西市也比东市更为繁华。但由于东市周围是官员居住区，有许多的官邸，东市上所售卖的商品多为"四方珍奇"。因此，虽然东市的繁华程度不如西市，但面对的消费群体是官家贵人，消费品的层次也比较高，可以看出其商业定位是十分明确的高消费场所。

唐代长安的包容与开放为两市的繁华提供了必要的前提保证——尽管东西两市风格各异，但总体来看，它们涵盖了唐代各种商品行业，都代表了长安的经济发展水平。各行各业皆可以在两市中找到属于自己的一席之地。随着大量经由丝绸之路来到长安的胡商成为长安商业的参与者，唐代长安逐渐呈现出国际性的、多元化的文化面貌。而唐代的丝绸之路，也随着长安城的兴盛而逐渐迎来了属于自己的黄金时代。

盛世长安——丝绸之路的黄金时代

花萼楼前雨露新，长安城里太平人。
龙衔火树千灯艳，鸡踏莲花万岁春。
帝宫三五戏春台，行雨流风莫妒来。
西域灯轮千影合，东华金阙万重开。

——张说《踏歌词》

　　魏晋南北朝时期，战乱频仍，长安城也遭到了战火的破坏，丝绸之路也屡遭阻断。中外的商品贸易集中在了河西，尤其是作为丝绸之路的咽喉的敦煌，一时间商贾云集，热闹非凡。即便如此，长安依然是西行的必经之路。隋代建立之初，隋炀帝非常重视贸易发展，他派遣裴矩到河西主管中外贸易，甚至还亲自到河西巡查，稳定了河西四郡，重新恢复了丝绸之路的秩序。隋代创造了很多的优惠政策和有利条件吸引胡商到中国进行贸易活动，比如丝绸之路沿途食宿免费、举办大型的商品交流大会等。在这些政策的支持之下，丝绸之路慢慢复兴，很多胡商前往长安进行贸易。

　　到了唐代，中国的国力达到了世界的前列，经济和文化都有了极大的发展，成为中国古代社会的鼎盛时期。长安城的景象一如张说的这首《踏歌词》中所描绘的那样繁华热闹。在强大国力的支持下，唐代对丝绸之路也进行了有效的经营。隋末的战乱导致丝绸之路再度阻断。唐代建立之初，面临着突厥和吐谷浑的威胁，唐王朝经过了长期的战争，先后征服了东突厥、吐谷浑、高昌、薛延陀部和西突厥，稳定了边疆局势，并且设立龟兹、于阗、碎叶、疏勒四镇，还设置了安西都护府和北庭都护府，加强了对西域诸国的控制。为了建立丝绸之路的新秩序，唐代在自长安到河西再到西域诸国的沿途建造了大量的馆驿。馆驿的数量之多如同唐代诗人岑参在诗中所写："一驿过一驿，驿骑如星流。平明发咸阳，暮及陇山头。"大量的驿馆和迅疾的驿马可以使咸阳到陇山之间的路途实现朝发夕至，可见唐代的馆驿制度有效地节约了交通时间。

唐长安与汉长安相比，规模更加宏大，占地面积达到了84平方公里，而人口更加稠密，突破了一百万。唐代的长安城气势恢宏，布局整齐，结构严谨，交通便利，成为繁华无比的国际性大都市。以关中平原为起点，经过河西走廊通达亚欧非三大洲的陆上丝绸之路在唐代空前繁荣。《资治通鉴》记载了这一盛世景观，"自安远门西尽唐境万二千里，闾阎相望，桑麻翳野，天下称富庶者无如陇右"，丝绸之路迎来了黄金时代。

据《唐六典》记载，唐王朝大约与三百个国家和地区有过外交往来。大量的外来人口涌入长安：他们有通过官方途径进入长安的使臣、质子，有前来贸易的商人，也有云游四方的僧人和艺人。大批的外国人进入长安居住，根据《旧唐书》的记载，在贞观初年，迁入长安的突厥降部就有将近一万户。这些外来人士在长安受到了很好的礼遇，甚至他们中的精英人士还在朝廷担任要职。而他们中人数最多的当属商人。来自各国的商人集中居住在长安城最繁华的商业区——东西两市。这些从西域诸国甚至中亚、西亚来到长安的人，身着各式各样的服饰，为长安带来了新奇的审美体验。在这些别开生面的穿着风格的影响下，长安兴起了一股崇尚"胡服"的浪潮。中原男子身穿胡服，胡人身穿汉人装束，已成为一种普遍的现象。而令人意想不到的是，深受传统文化束缚的女性，彼时也穿上了活动方便的胡服。根据《旧唐书·舆服志》的记载，开元年间，长安女性的着装发生了很大的变化——"宫人骑马者皆着胡帽，靓装露面，无复障蔽"，甚至穿上了男装，"俄又露髻驰骋，或有着丈夫衣服靴衫"。可见，彼时的贵族女性以穿男装为一种时尚。唐代对外来文化采用兼容并蓄的政策，以开放豁达的心胸彰显了大唐鼎盛时期的时代精神。

唐代的舶来品种类十分多样，随着大量外来人口汇入长安，外来的四方物品也在这里汇集，比如最受皇家珍视的"金桃"，据《唐会要》记载，这种桃树结的果实"大如鹅卵，其色如金"，所以被称作"金桃"，唐太宗非常喜欢金桃树，命令将其栽种到园林里。不光引进了外域的农作物，来自西域的香料在长安也非常流行，用名香熏衣服、洗浴，成为上层社会的生活风气。唐朝进口的香料主要有沉香、紫藤香、樟脑、苏合香、安息香、没药、丁香、青木香等。胡商运载着产自本国的香料，来到长安进行销售，又将在长安采买的丝绸等物品运回国售卖，这成为很多胡商的贸易方式。

唐代的音乐也多受到来自西域胡地的音乐影响，自两汉以来，胡乐的发展在唐初已经达到了高峰，贞观年间，官方整理了坊间流传的十部乐，包括《燕乐》《清乐》《西凉乐》《天竺乐》《高丽乐》《龟兹乐》《安国乐》《疏勒乐》《康国乐》《高昌乐》，其中胡乐即占据了大半。以管弦乐器为主的胡乐受到民间欢迎，在长安城中风靡一时。

唐代诗人元稹在《西凉伎》一诗中写道："开远门前万里堠，今来蹙到行原州。"开远门是长安城西面的一座城门，开远门外有

国子监

国子监是中国古代的教育管理机构和最高学府，同时具备了教育管理和最高学府两种功能。早在两汉时期，太学作为国家的最高学府，主要用来传授儒家经典。隋代，国子学成为独立的教育管理机构，掌管国子学、太学、四门学、书学、算学。唐代承袭了这一制度，贞观元年改为国子监，《旧唐书》记载，"凡六学，皆隶于国子监"，所谓的六学指的是：国子学、太学、四门学、律学、书学和算学。国子监不仅招收本国的学生，还接收留学生，为中外的文化交流起到了很大的促进作用。有唐一代，来到长安求学的各国留学生人数众多。这些留学生大都在国子监学习。通过学习中国的文化知识，很多学有所成的外国留学生或返回母国成为重臣，或者在大唐被委以要职，成为唐王朝的官吏。

一条通往西域的道路，因此开远门可以被视为唐代丝绸之路事实上的起点之一。在开远门外，有一座"立堠"碑，据《南部新书》记载"平时开远门外立堠，上书，西去安西九千九百里"，所谓"九千九百里"是一种象征，用"不言万里"的内涵，来慰藉即将远行的人们，似乎述说着开远门万里之内，必有归乡之路。因此，长安城既是丝路的起点，又是丝路的终点。在千年的时光中，长安城始终是那些离开故乡，行走在丝绸之路上人们的精神归途。

无论在两汉还是在唐代，长安作为丝绸之路的起点，作为经济、政治中心的地位当然都是毋庸置疑的。而除此之外，它的文化中心地位也举足轻重。丝绸之路的畅通，不仅带来了世界各地的珍奇商品，还带来了外域的异质文化，这为唐代中外的文化交流提供了必要的条件。这一方面使中国文化有了新的发展和进步，另一方面，丝绸之路的繁盛也使得中国文化有机会远播域外，为世界文明的发展提供了助力。多元的文化恰似不同的河流，在丝绸之路上汇聚成一片汪洋大海。

第五章
长安往事

第六章 旅行者的故事

看不见的城市——西方对东方的想象

只有马可·波罗的报告，

能让忽必烈汗穿越注定要坍塌的城墙和塔楼，

依稀看到那幸免于白蚁蛀食的精雕细刻的窗格。

——卡尔维诺《看不见的城市》

　　20 世纪 70 年代，意大利作家伊塔洛·卡尔维诺写了一本闻名世界的文学著作——《看不见的城市》。在这部作品里，卡尔维诺虚构了 55 个城市，并将它们纵横交错地呈现在文本上，勾勒出了一个充斥着古代文化符号的神秘迷宫。作品分为九个部分，卡尔维诺在每个部分的开头和结尾都穿插了一段马可·波罗和忽必烈汗的对话，这使得小说里对 55 个城市的叙述就像是马可·波罗对忽必烈汗所做的旅行汇报。正如卡尔维诺所说，他并非要追寻马可·波罗在东方世界的旅行足迹，但是马可·波罗对于东方的探索带给了他重要的启发是确凿无疑的。马可·波罗是有文字记载的抵达中国的第一个欧洲人。欧洲人对于东方世界的想象在马可·波罗那里找到了一个实实在在的凭据。在对马可·波罗游历中国的解读里，欧洲人似乎从中找到一个"别处"的世界，因此他的事迹在欧洲葆有永久的吸引力。许多作家、诗人在马可·波罗身上找到了创作的灵感。欧洲人对于东方世界的想象从未中断过。

"东方"在英语中有两个词汇："east""orient"。east 是指地理位置上的东，orient 意为太阳升起的地方。欧洲人对东方的想象自古有之。在希腊神话中，东方世界是太阳升起的地方，那里是超脱现实的异域世界，是反抗宙斯的提坦神居住的地方，那里充满了未知、神秘的色彩。在《荷马史诗》里，东方美丽而富饶，是力量的发源地。在早期欧洲人的想象中，对东方有两种截然不同的印象。第一种印象中，往往表达着对东方的美好幻想——东方被看作太阳升起之处，那里宛若希腊神话中仙境一般的伊甸园，美丽而富饶，拥有大量的黄金、香料和丝绸。在这种印象之中，东方是财富与权力的中心，令人神往而又难以企及。在早期欧洲仅有的一些线索之中，东方人奢华而典雅，他们住在金碧辉煌的宫殿之中，死后葬入高大精巧的陵墓。他们乘骑着巨象游历，在宽阔而整洁的城市中居住生活。而另一种印象之中，则充斥着对东方的恐惧与抵触——那里是"文明所不曾到达的区域"，神秘、"野蛮"并且令人生畏。所谓的财富似乎是引诱着夏娃的毒蛇，极具诱惑而又充满危险。"东方人掳掠成性，嗜杀而贪婪，他们崇尚武力，剽悍而残忍，并且在漫长的时间里始终对欧洲人的家园虎视眈眈"。

这两种截然不同的认知事实上具有完全不同的历史背景：早在公元前 4 世纪，古希腊统治者亚历山大的东征便曾到达遥远的印度——这是在西方历史上所记录的最早的大规模军事东征。亚历山大在征服了古波斯帝国后，意图进军更遥远的东方，随后希腊军队继续向东，最终到达了古代印度北部，在喜马拉雅山脚下才停下了东征的脚步。这次远征把西方人的眼光带到了遥远的印度，领略了古老的东方文化。希腊人同时也在这场具有掠夺性质的战争中获得了财富、领土与荣耀，这间接构成了早期西方对东方的第一种认知——富庶而美好的东方形象，由此得以在西方人的思想中建立起来。

而另一种认知则似乎来自欧洲早期的 3 世纪危机以及之后的匈人入侵。所谓 3 世纪危机，指的是公元 3 世纪以来西欧地区罗马帝国所爆发的一系列重大变故，包括城市的衰落、内政的瘫痪以及战乱的频发。这一系列的危机致使古罗马帝国由鼎盛逐渐走向了衰败。而匈人在 4 世纪对欧洲的入侵更令西罗马帝国最终走向了灭亡，有着"上帝之鞭"称号的匈人领袖阿提拉一度被认为是古代东亚地区匈人的统帅。

知识链接　扩展阅读

匈人

匈人是居住在古代里海地区的古老族群，他们擅长游猎，崇尚武力。在公元 3 世纪左右，他们迁徙到了欧洲东部，并接连战胜了诸多欧洲当地族群，成为罗马帝国最主要的边患。公元 4 世纪，匈人领袖阿提拉征服了诸多古日耳曼部落，大量日耳曼人西迁至罗马帝国境内，并最终于公元 476 年灭亡了西罗马帝国。

匈人在欧洲建立的帝国于公元 5 世纪瓦解，原因是受到了汪达尔人（古日耳曼人的一支）的入侵，自此匈人也消失在历史之中，族群逐渐与西欧各族群融合。在 18 世纪，一度有学者提出"匈人即匈奴人"的猜想，后世亦有人提出匈人即匈牙利人，这些说法都不具有必然的历史依据——匈奴人和匈人之间尽管有可能是同源民族，但他们之间并不具有继承关系；而匈牙利人则是古代东北欧地区乌拉尔人的一支，与匈人的关系更为遥远。

尽管西方对东方的认知是多样的，但我们可以了解的是，这种认识都仅仅是早期西方人的一些想象。这些想象在一定程度上具有历史的合理性，但同时此类想象的历史书写也是十分荒诞不经的。无论何种印象，都与历史上真实的东方相去甚远。当时间进入 7 世纪之后，这种想象进一步地扭曲——随着阿拉伯帝国的建立，丝绸之路被阻断，东西方通过中亚地区进行的间接性文化商贸交流也停止了，这样的情况持续了数百年，使得西方对于东方的认知长期没有更新，开始逐渐融合了阿拉伯文化的元素：古老而神秘的帝国，富有而慵懒的苏丹，骑着骆驼的东方商人……这些形象在公元 10 世纪前后事实上已经逐渐替代了西方旧有的东方印象，成为这一时期欧洲人眼中新的东方代表。

11 世纪以来，天主教国家在两百年中发动了数次东征，这些战争再一次将欧洲人的眼光带入了当时的中亚。欧洲开始逐渐接触到了真实的东方，西方对于东方的认识也逐渐在某种程度上回归于真实，一些商人与传教士也正是在这一时期开始踏上了寻访东方的道路。西方对于东方长达千余年的历史想象，也正是在这样的历史时间点上被现实的认识彻底取代。

古道西风 Gudao Xifeng

一口气「走」完丝绸之路（青少版）

大汗之国——蒙古兴起建元朝

帝深沉有大略，用兵如神。

故能灭国四十，遂平西夏。

——《元史·太祖本纪》

在 12 世纪以前很长一段时期里，居住在亚洲北部的蒙古人，在世界舞台上始终默默无闻。这些牧者保留着较为原始的生活方式，他们饲养牲畜，逐水草而居，并且"国无君长所管"。在这一被中国称为"北狄"（出自《礼记·王制》）的族群的历史记忆中，他们的祖先是一名叫孛儿贴赤那（汉译"苍狼"）的部族领袖和他的妻子豁埃马阑勒（汉译"白鹿"）。他们奉天命而降生，渡过大湖，在斡难河的源头住下，并最终孕育出了蒙古族群——这样的传说包含着几许浪漫色彩，但同时也反映出了蒙古人先祖早期所历经的不断迁徙与长久苦难：在千余年以前，亚洲北部是一片广袤的大草原。相较南方的农耕文明区域而言，草原上气候寒冷，不适宜耕种。恶劣的环境和落后的制度致使草原上的牧民生活困苦，物资十分匮乏。牧民们的生存极度依赖放牧，一旦找不到合适的牧场饲养牲畜，牧民的生存就会受到威胁。因此，牧民为了寻找适宜的放牧场所，似乎一生都在迁徙之中。

在粮食短缺的时候，草原上的部族便时常相互袭扰，部落之间的战斗时有发生。在 12 世纪初，蒙古高原上分布着多个部落，最主要的几个分别是：乃蛮部、克烈部、汪古部、弘吉剌部、塔塔儿部、蔑儿乞部，以及蒙古部。其中，占据着草原的最西边的是乃蛮部，他们主要居住在阿尔泰山的南端和也儿的石河的上游，他们的西边就是经济文化较为先进的回鹘，受其影响，乃蛮部的文化在蒙古诸部落中是较为领先的；乃蛮部的东边是克烈部，他们位于土拉河、鄂尔浑河上游一带，克烈部军事实力强大，他们的王汗拥有强大的护卫军；蒙古高原的东南部地区居住着汪古部，他们说突厥语，容貌和习俗均与蒙古人有很大区别，并因此被称为白鞑靼；汪古部的北方，大兴安岭的西端，居住着弘吉剌部，弘吉剌部与西边相邻的蒙古部长期维持着通婚的惯例；克鲁伦河南方的草原上，居住着塔塔儿部；塔塔儿部的北面就是蒙古部，在 12 世纪初，蒙古部自身争纷不断，又不断遭受相邻部落的入侵，陷入了内外交困的局面；蒙古的西北边居住着三姓蔑儿乞，这个部落分为三支，各自为政，但也会联合起来抵御外部。

在 12 世纪的蒙古高原上，各个部落之间战争不断，部落贵族间也为了争夺汗位互相残杀。但草原上的危机并不止于此——辽、金王朝不断向蒙古诸部用兵，草原上的战乱似乎没有片刻的休止。争端与分裂逐渐将蒙古诸部推向深渊，统一蒙古诸部似乎成为一件必行之事。但是，诸部之间的实力并没有强大到可以吞并其他对手，于是在较长的时间中，蒙古草原一直保持着混乱与分裂。直到蒙古部一个著名人物的诞生，才最终让统一成为可能。

孛儿只斤·铁木真，蒙古人，大蒙古国可汗，尊号"成吉思汗"。他的父亲孛儿只斤·也速该是蒙古部的一支——乞颜部的军事领袖。1162 年，也速该在与塔塔儿部的战争中获得了胜利，并且俘虏了塔

古道西风
Gudao Xifeng
一口气「走」完丝绸之路（青少版）

塔儿部的首领铁木真兀格。这在乞颜部是一件轰动的大事。得胜归来后，恰逢也速该的妻子诃额仑生下了一名男婴，为庆祝胜利，也速该为儿子取名为"铁木真"。传说铁木真出生时手心里握着一块如同赤石般的凝血，寓意为手握生杀大权。

铁木真早年的生活十分坎坷。在他九岁时，他的父亲也速该被塔塔儿人设计毒死。随着父亲的死去，铁木真的整个家族势力面临着毁灭的危机，而乞颜部也随之陷入

图 15　成吉思汗雕像

了瓦解的境地。铁木真在贫困和被抛弃的境遇里，形成了坚忍与决绝的性格。他与弘吉剌部联姻，迎娶了弘吉剌部首领的女儿孛儿帖，并因此获得了弘吉剌部的支持，随后铁木真开始组建自己的势力。青年时的铁木真显示出了自己非凡的外交能力和军事才能。他拉拢相邻的克烈部，增强了蒙古部的声望。这使得之前叛逃的部众纷纷回归，铁木真的势力得以迅速壮大。随后他又联合克烈部和札答阑部击败了塔塔儿部，成功为自己的父亲复仇。此役后铁木真声望大

增，统一草原也逐渐成为可能。随后铁木真在数年间接连击败了札答阑部、塔塔儿部、克烈部以及乃蛮部。随着铁木真势力日盛，他成为当之无愧的草原霸主。

知识链接　扩展阅读

扎木合

扎木合是蒙古札答阑部首领，尊号为古尔汗。他早年与铁木真结义，互为"安答"（蒙古语，义兄弟），两人都素有一统草原的志向。青年时期，扎木合曾帮助铁木真恢复旧部，两人曾一起击败蔑儿乞部。但随着铁木真的势力逐渐壮大，两人事实上成为彼此最大的对手，并最终分道扬镳。1190 年，扎木合联合泰赤乌等十三部进攻铁木真，铁木真将部众分为十三翼迎战，"十三翼之战"爆发。是役，铁木真战败，但扎木合因战后杀俘虏而引起不满，最终导致各部归心于铁木真。1201 年，扎木合被尊为"古尔汗"，他率军继续进攻铁木真，但在海拉尔河被铁木真击败，流亡至克烈部。两年后克烈部被蒙古击败，扎木合又投奔乃蛮部。1204 年，乃蛮部为铁木真所灭，扎木合被俘获，送至铁木真处，铁木真希望二人重归于好，但扎木合只求一死，最终铁木真依从了他的请求。

扎木合之死也标志着蒙古诸部即将归于统一。铁木真击败了自己一生最强大的对手，最终成为草原帝国的建立者。尽管扎木合失败了，但他一生的武勇令他得到了后世史家的充分肯定。与铁木真早年的纠葛与对立也最终成就了这位草原英豪的赫赫声名。

事实上，铁木真奠定自己统治基础的过程并非一帆风顺，而是充满了坎坷和波折。他非常谨慎地选择自己的战略同盟，并且在最佳时机将敌人吞并，从而建立了一个稳固的核心集团。1206年，铁木真在斡难河源之地召开贵族大会，建立"大蒙古国"，升起了九旄白纛（以白色马鬃和松木制成的徽旗，是蒙古部族的权力象征）。诸王和群臣为铁木真上尊号"成吉思汗"。

知识链接　扩展阅读

九旄白纛

　　九旄白纛是成吉思汗建立的蒙古国的国旗。据《元史·太祖本纪》所载："元年丙寅（1206年），帝大会诸王群臣，建九旄白纛，即皇帝位于斡难河之源。"这便是史料中对九旄白纛的首次记载。此后，他们在祭祀时，或庆祝胜利时都立九旄白纛，并将其视作民族兴旺的象征。

　　蒙古国建立之后，势力日渐壮大，扩张欲望也愈演愈烈，为扫除攻金的屏障，他们首先将矛头指向西夏。西夏是唐末由党项人在中国西北部建立的一个政权，疆域范围东至黄河，西到玉门关，北邻大漠。金朝崛起灭掉辽、北宋，西夏便臣服金朝，建立了金夏同盟。成吉思汗三次进攻西夏，最终西夏投降表示愿向蒙古进贡，达到了离间金夏同盟的目的。之后，成吉思汗进攻金朝，1215年夺取中都，大肆掠夺，迫使金国皇帝迁都。

　　蒙古的扩张步伐并未就此终止，新一轮的战争即将开始，他们的矛头指向了辽阔的西域。1218年，成吉思汗派遣哲别扫清了西辽境内的屈出律势力，灭西辽国，此时的蒙古疆土已经西邻花剌子模，中亚的大门近在咫尺。1219 年，花剌子模边城讹答剌守将杀害了蒙古商队和使臣，这一举动点燃了战争的导火线。成吉思汗以此为凭，大举进攻花剌子模。一场蔓延亚欧大陆的征服战争就此拉开序幕。花剌子模的抵抗无济于事，很快就被蒙古大军击溃。速不台和哲别想进攻钦察，在得到成吉思汗的同意后，于 1221 年越过高加索山开始远征欧亚草原西部。两年后，速不台率军进入南俄罗斯草原，击败了斡罗斯和钦察联军。蒙古铁蹄一路向西踏遍斡罗斯公国直到第聂伯河，才折返回师。有了速不台这次的侦察基础，之后成吉思汗又派术赤率军进攻欧亚草原西部。

1227 年，成吉思汗在讨伐西夏的时候病逝。成吉思汗的后代和部众对西夏都城进行了进攻。1229 年，蒙古贵族会议召开，窝阔台成为大汗之后，又立刻展开了新一轮的西征。十几年之后，蒙古降服了斡罗斯和钦察草原。窝阔台去世后，贵由短暂继任大汗之位，但他很快就病死了。继任的蒙哥汗立志要完成成吉思汗的遗志，遂向西亚、高丽和南宋发动了一系列战争。在南宋防线几乎被攻破时，蒙哥汗忽然去世，偏安的南宋获得了喘息的时间。之后的蒙古陷入了权力的争夺中。彼时的忽必烈依靠自己在汉地积累的势力于 1260年成为蒙古帝国大汗。忽必烈继位后很快攻灭南宋，建立元朝。

元朝建立之后，在中国本土推行实施了一系列鼓励商业贸易发展的政策：提高了商人的身份地位，大范围地发行纸币，又改善交通运输网络。元统治者下令在全国范围内修建道路，并延长大运河，缩短了商品运输所需的时间，为地区间商品贸易提供了便利的条件。这些政策为元代丝绸之路的兴盛打下了坚实的基础。

成吉思汗诸子领地与四大汗国

　　为了避免继承者之间的争端，成吉思汗在生前给他的每个儿子都分了领地、军队和属民。长子术赤获得了额尔齐斯河地区以及欧亚草原地区，这一区域最终奠定了金帐汗国的领土基础。察合台获得了突厥斯坦西部、塔里木盆地和天山西部地区，这也构成了察合台汗国的领土。窝阔台获得准格尔和阿尔泰山西部，后来窝阔台继承汗位，将这一区域封赐给其子贵由，这一区域即为窝阔台汗国的疆域。按照蒙古的习俗，幼子守家，最小的儿子拖雷掌管蒙古本土。后来，拖雷之子旭烈兀西征，并在欧亚大陆之间建立起了一个幅员辽阔的伊尔汗国。这便是蒙古"四大汗国"的由来。

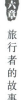

另一个东方——马可·波罗游中国

每年总有好几次，

庞大的骆驼商队载运刚才所说的各种物品和金丝织物，

来到大汗都城。

于是大汗召集十二个有经验和精明的人，

令他们小心选择货物并确定购买的价格。

——《马可·波罗游记》

自从张骞凿通西域以来的千余年里，东西方的交流从未停止。但因路途遥远，双方的了解程度仍十分有限。东方的探索者往往止步于中亚，而西方也只能通过中亚的大食、波斯等国作为媒介，间接地了解东方。这个局面持续了数千年之久，直到蒙古崛起之后才发生了彻底的改变。

对于蒙古人而言，13 世纪的丝绸之路就是一条征服的道路。自从成吉思汗西征花剌子模开始，蒙古便开始了长期的西征。成吉思汗的后裔拔都和旭烈兀分别在 13 世纪进行了大规模西征。凭借着强大的军事力量，蒙古征服了从太平洋到黑海、从大草原到印度北部再到波斯湾的辽阔疆域。这为欧亚大陆的人民带来了一定影响，但客观上也打通了东西方之间的交通道路。随着蒙古大军的征服行动，各国国境之间原有的屏障被扫清，欧亚大陆大片区域归于统一，这事实上为东西方通过丝绸之路进行贸易交流提供了有利的条件。

在政治统一的前提下，元代在全国范围内建立了完善的驿站系统。驿站，是中国传统时期专门为官府办公人员设置的行宿场所，这一交通系统早在汉代就已出现。早期的驿站主要用于传递官方文书，还负责往来官员途中的食宿、换马等事宜，一些官府物资的运送也通过驿站。元朝将驿站系统大规模地扩大，并加强了其作为货物运输枢纽的作用。根据《元史》的记载，自窝阔台汗在位时期，元代便开始在境内各地设置驿站。有元一代，全国各地共设置驿站达一千余处。驿站的广泛设置既保证了政府消息的传递效率，同时也为旅行商客们的贸易通行以及商品运输提供了便利。

正是在这种政治统一、交通便利的条件之下，丝绸之路在元代再一次迎来了繁荣，这条贸易通道事实上已经完成了对东西方世界的贯通。也正是得益于丝路的通畅与繁荣，来自各国的旅行者与商人们得以前往那些未知的地域，寻访传说，触碰真实。13 世纪以来，穿梭于丝路上的商人络绎不绝，他们将沿途的见闻带回故乡——在这些旅者中间，最著名的人物当属意大利商人马可·波罗。他在 13 世纪后期从故乡威尼斯出发，沿丝绸之路一直向东到达中国，并在此居留数年，他沿途的见闻和在中国的经历成为西方重新认识东方的一扇窗口。

马可·波罗为人所知，最早是在 1298 年。那时的威尼斯和热那亚之间因商业竞争而爆发了一场战争，双方交战数年，最终战争以威尼斯失败而告终。热那亚人将战俘关押在位于热那亚的监狱中，而马可正是这些战俘中的一员。和马可同监关押的是一名叫鲁思梯谦的比萨籍作家。在被关押期间，两人逐渐建立了友谊——马可向鲁思梯谦讲述了自己前半生游历东方的经历，而鲁思梯谦则将这些

图 16　马可·波罗画像

由马可口述的神奇历险过程写在羊皮纸上。或许二人都未曾想到，在多年以后，这些在狱中写下的文字最终成为一部流传后世的经典之作:《马可·波罗游记》。

根据马可的陈述，他的父亲和叔叔曾经由故乡威尼斯出发，前往东方经商。二人一度到达了元大都，并觐见了当时在位的忽必烈汗，最终，二人带着忽必烈汗写给罗马教皇的信回到威尼斯——这是游记中所记载的波罗家族第一次东行。1271 年，收到信件的新任罗马教皇委派两名传教士作为特使，携带着他给忽必烈汗的回信以及包括玻璃花瓶在内的珍贵礼物，与波罗兄弟一起前往中国。值得一提的是，在这次旅程中，他们带上了当时只有 17 岁的马可·波罗。

马可·波罗的旅程正是从这一时刻开始的。当时的马可作为教皇的信使团体的一员，踏上了古老的丝绸之路——他们最初的旅途并不顺利，当使团一行进入亚美尼亚王国境内时，发现这里正处于战争之中。教皇委派的两个传教士害怕危险，就将书信和礼物交给了波罗兄弟，然后中途返回了。波罗兄弟决定独立完成这项任务，他们带着马可继续前行，穿越伊朗沙漠，又跨过帕米尔高原，克服了无数艰难险阻，历经大约四年时间，终于到达中国。

年轻的马可在这次旅途中所目睹的一切，最终成为《马可·波罗游记》的故事来源。在 1725 年，当马可第一次看到中国的盛景

（左侧边栏）

176

古道西风
Gudao Xifeng
一口气「走」完丝绸之路（青少版）

时，他无可避免地被深深吸引，并发出了由衷的赞叹。他惊叹于眼中的元大都，以及这座城市中雄伟而瑰丽的皇宫。中国皇宫里的一砖一瓦、一草一木、任何一件装饰，都让这位从欧洲远道而来的青年感到新奇而美好，这里成为他感叹最多的地方之一："其宏大的程度，前所未闻……大殿和房间都装饰雕刻和镀金的龙，屋顶也布置得金碧辉煌，琳琅满目……窗户上安装的玻璃也极精致，犹如水晶一样透明。"此外，繁华的商贸更是令马可印象深刻——正如前文所说，在 13 世纪中后期，随着元帝国的大力建设，交通网络连通了广袤的疆域，这为商人们带来了极大的便捷，元帝国的经济发展迅速。马可在游记里提到元大都商贾云集的盛况时称："每年总有好几次，庞大的骆驼商队载运刚才所说的各种物品和金丝织物，来到大汗都城。"来自各地的商队将珍奇商品运至大都，在进行交易后又将不同的货物运回，这是 13 世纪丝绸之路沿途商业兴盛的一种直观反映。

除了都市的雄伟与商业的繁华，马可还提到了东方的各种风俗与节日。他详细讲述了元大都皇宫在万寿日和元旦日时举行的盛大庆典，以及庆典中无处不在的繁复礼仪：万寿日是皇帝的诞辰，在那一天，皇帝会穿上华丽的金袍，贵族官员们也穿戴着庆典时的衣服，这些衣服毫无例外都是金黄色。为表示对皇帝的忠诚与顺服，皇帝领土内的臣民、各行省的官员以及各汗国的头领在这一天都要向皇帝贡献珍贵的生辰礼物。而皇帝也会赐给最忠诚的臣属大量的财物。每逢万寿日，元大都就会成为一片欢腾的海洋；而元旦日则是新年，在马可的记忆中，这一天也被称为白色节。这或许是由于皇帝和民众都会在这一天换上白色的衣服。在他们的观念中，白色是幸福的象征，寓意着祥和安宁。各行省的官员以及汗国的头领在元旦日也要向忽必烈贡奉金银、宝石等珍贵礼物，并且披上白布。皇帝的象队在元旦日也精心打扮，披上了用金银丝线绣的鸟兽图案的象衣，象队后面就是骆驼队，它们整齐有序地从忽必烈面前走过，这在马可·波罗看来，这样的仪式毫无疑问是一场让人"叹为观止的奇观"。

图 17　忽必烈雕像

　　马可还讲述了皇帝举行的盛大游猎活动。忽必烈在成为中国的皇帝之后，仍然保留着捕猎的习惯，他在皇宫里饲养了各种各样的鸟兽，正如马可所说的那样，"大汗养着很多豹和山猫，主要是为了猎鹿之用。他还养着许多狮子，比巴比伦的狮子还要大……大汗还饲养了许多秃鹰，是被训练来捕狼的"，忽必烈会在每年的三月离开元大都，向西北方向行至自己的故乡，举行大规模的游猎活动。这无异于一场奇观："大汗在行猎时有两位男爵专门为他服务。他们看管的各种猎犬不下五千条。狩猎时，他们其中的一人带领队伍向大汗的右侧前进，另一个带领队伍向左侧前进。两队依次而行，直到他们所围的区域有一日的路程为止。用这种方法围猎，没有任何野兽能够逃出包围圈。大汗在围圈内，观看猎人的奋勇、猎犬的迅猛，看着他们从四面八方追逐鹿、熊和其他动物，完全像在欣赏一幅美丽卓绝的狩猎图。"马可极为详尽地讲述了忽必烈捕猎时的整个过程，并且描述了皇家在元上都居住的帐篷和幕屋，也是装饰得富丽堂皇。这种繁盛的场面不仅让年轻的马可为之感慨，更令无数西方人看到了这个东方帝国所蕴藏的巨大财富和无限商机。

《马可·波罗游记》用了很大的篇幅描写忽必烈。书中所塑造的中国皇帝忽必烈汗，是一个无所不能、恩威并重且治国有方的完美君王。或许对于年轻的马可而言，这一形象恰恰也是他心目中东方帝国的完美象征。在《马可·波罗游记》中，忽必烈汗也对这名来自欧洲的青年充满了期待，希望马可能够在对西方诸国的交流中发挥更大的作用——忽必烈在随后的时间中委任马可为专使，前往中国的西部进行探访。马可离开元大都，在各地不断游历：他看到永定河上的卢沟桥；看到了涿州城里出产的葡萄和桑树（他在涿州很可能看到了商队，因为他在游记里说："一些商人不断地往来于这些市镇之间，每逢各市镇定期的集市，他们就把货物由一个城市运到另一个城市。"）；他到达山西太原，对当地的工商业赞不绝口——尤其是当地的葡萄酒，据马可称，这是当时整个中国唯一出产葡萄酒的城市；在关中地区，马可看到了黄河，以及彼时汇集在黄河两岸的大批商人，这些人在当地从事着农产品和丝绸的贸易；马可渡过黄河后，参观了西安的宫殿，随后继续向西，翻过秦岭到达四川境内。他在成都看到了岷江——和当时中国的普遍观念一样，马可也认为自己所看到的岷江是长江正源，在他的眼中，"江中的船舶川流不息，运载着大批的商品"；之后他离开四川，继续向西来到西藏，这是一个"荒凉且充满着危险的地方"，"因为人烟稀少，各种野兽，尤其是老虎成群结队，出没无常，使得商人和其他旅客在夜间面临很大的危险"，这片荒凉的土地上出产麝香，居民在交易时不使用金属或者纸质货币，而是用盐；之后他离开西藏，渡过金沙江到达云南，在大理一带，他看到了众多的商人和工匠，他品尝了当地用谷物酿成的酒，看到了当地人在婚配和饮食上特有的风俗习惯。

离开云南后，马可继续向东南方行进，抵达了东南亚地区的缅甸和老挝，之后又转道四川。在后来的旅程中，马可到达了四川叙州（今四川宜宾一带），随后转道前往华北地区，他先后抵达了河北沧州、山东济南、江苏宿迁、浙江杭州等地，并一度在江苏居留三年之久。在他的记忆中，这些城市尽管风格各有千秋，但大多富足安定，当地的百姓生活十分幸福。与这份安稳相对应的是，商人们似乎无处不在，他们在贯通南北的大运河上往来贸易，在城市的街头售卖货物，抑或是在各地的官道上争相赶路。马可口中所描述的大汗之国，是一个商业蒸蒸日上、交通便捷发达、百姓安居乐业的盛世乐土。他向往着、依恋着这份宁静与繁盛，即使他在二十五年后最终返回欧洲，在热那亚的狱中依旧对此难以忘怀——他在幽暗的牢房里向鲁思梯谦描述起自己前半生的经历，那些旅途中的风景与城市中的繁华似乎从未消散，依旧历历在目。

古道西风
Gudao Xifeng
一口气『走』完丝绸之路（青少版）

知识链接　扩展阅读

另一种视野下的《马可·波罗游记》

　　尽管《马可·波罗游记》享誉世界，但是马可·波罗本人在他生活的时代并不十分出名：他于1254年出生于威尼斯，早年经历不详。根据他晚年的遗嘱以及其他相关档案的记载可知，他和他的家族成员在威尼斯拥有相当丰厚的财产，是当地的富商，同时也是威尼斯上层人士。他在1298年的战争中被热那亚人俘虏，并在狱中口述了《马可·波罗游记》，后来平安返回威尼斯。1324年，他在威尼斯去世，葬在圣斗多雷兹教堂，根据他的遗嘱，他将巨额的遗产留给了他的妻子以及三个女儿。

在《马可·波罗游记》中，马可游历了相当于今天的内蒙古、北京、河北、陕西、四川、西藏、云南、山东、江苏、浙江、福建等地。另外，游记还记述了马可后来前往日本群岛、南印度和印度洋的海岸和岛屿的经历，加上之前游历的缅甸和老挝，马可的足迹基本抵达了亚洲的大部分地区。就13世纪的科技水平而言，想要实现如此大范围的旅行，其可能性确实微乎其微。但如果这次旅行确实存在，那么马可便是第一个如此大范围地游历过东方世界并且留下文字记录的欧洲人。尽管马可始终坚称自己确曾游历东方各地，但他的说法并未在当时被时人相信。在当时的威尼斯，马可被视为一个不诚实的人，他的游记也被当作一本奇异的故事书。即便在他过世之后，《马可·波罗游记》也在较长的时间内为人排斥。究其原因，一方面或许是因由游记中所描绘的东方世界颠覆了长久以来欧洲人对东方的认知，短时间内很难令人接受；而另一方面，则或许是由于《马可·波罗游记》中存在着许多年代的混乱，历史事件的疏漏和错误——这不但使时人对马可和他的游记产生怀疑，同时也使得《马可·波罗游记》本身的史料价值大打折扣。

事实上，《马可·波罗游记》自问世以来，对其内容的真实性的辨析从未停止，来自各方的质疑直到今天仍在延续。但这并不影响它在历史上的重要地位，换一种角度来看，就《马可·波罗游记》本身而言，它所阐述的内容或许本身就并非绝对的历史真实。正相反，《马可·波罗游记》中那些奇异的情节或许仅仅是马可·波罗和鲁思梯谦在迎合中世纪欧洲对于东方的历史想象。倘若我们暂时将文本真实性的问题搁置，只考虑《马可·波罗游记》本身的作用，我们会发现，事实上正是因为《马可·波罗游记》的出现，才使得欧洲人开始重新认识东方。尽管世人在当时对马可及其游记充满了质疑，但这丝毫没有影响他们对东方的好奇。因此，《马可·波罗游记》实际上不断影响和刺激着西方人的好奇心，并促使一代代的探索者沿着马可·波罗的足迹去寻找东方。《马可·波罗游记》之所以会成为不朽的经典，是由于它在当时充分满足了欧洲人对于中国的想象和向往。《马可·波罗游记》的影响不仅仅限于当时，在长达数个世纪的时间里，这本游记一度成为西方探索者的圣经，甚至影响到了 14～15 世纪的地理大发现——例如发现美洲的传奇航海家哥伦布，也是因为受到了《马可·波罗游记》的影响，才决定扬帆出海，寻找前往东方的道路。

从地中海到太平洋——丝路贯通东西方世界

我们相信我们之所以返回故里，
为的正是让人们能够从我们身上了解到世界上的许多事物。
——《马可·波罗游记》

　　根据《马可·波罗游记》的叙述，1295 年的一个黄昏，马可·波罗和他的父亲、叔叔在阔别故乡 25 年之后，回到了威尼斯。在外多年的经历，使得他们的口音都已经夹杂了蒙古语的味道，更不用说那些穿在身上的地道蒙古服饰了。这样的情况令他们在威尼斯的亲人都难以相信他们就是自己所熟知的那些人，他们都以为马可和他的父亲、叔叔都已经死了。马可费尽口舌才让邻居和亲戚相信他们的身份，并相信他们是去了东方世界经商游历。回到家后，马可等人热情宴请了故乡的亲友，将他们从中国带来的绸缎衣服剪成片分别送给众人——在当时的欧洲，中国的丝绸非常受欢迎。因为稀有而又华丽，致使价格十分昂贵，是贵族才能拥有的奢侈品。马可等人带回的礼物是他们游历东方的最好证明。于是，马可的生活得以回归于平静。直到三年后，他在威尼斯与热那亚的战争中被俘，被关进了热那亚的监狱。他和他的狱友鲁思梯谦在那里共同将自己东方的经历写在了羊皮纸上，之后他平安返回了家乡，并在那里度过了自己的后半生。

马可本人的故事就这样结束了。但是《马可·波罗游记》的故事不过才刚刚开始。在马可死后，他的游记得到了广泛的传播——这首先得益于15世纪以来西方的印刷技术的进步，手稿被印刷成书，《马可·波罗游记》拥有了不计其数的读者；而另一方面则要归功于思想的解放与进步。那时正值欧洲文艺复兴时期，黑暗的中世纪已经成为过去，一场科学与艺术的巨大变革正在从意大利蔓延至整个欧洲。欧洲的知识分子和市民阶层反对教会的神权地位和禁欲主义，他们开始借助希腊、罗马的古典文化表达渴望冲破宗教的束缚，肯定人的价值的诉求。世人们在《马可·波罗游记》中看到了一个金碧辉煌、富裕祥和、宛若人间仙境的东方世界。在当时的欧洲，这本书无疑成为文艺复兴的注脚，备受读者的追捧。一场丝绸之路上的漫漫征途，渐渐拉开了序幕。

在13世纪，蒙古的势力贯通了欧亚大陆，丝绸之路得益于此获得了一个稳定的平台，交通的便利为欧洲人进入亚洲提供了良好的条件。当时从欧洲出发前往中国有两条道路，一条是陆路，另一条是水路。陆路即陆上丝绸之路，马可·波罗就是通过这条道路前往中国的。其贸易路线横跨欧亚大陆，从地中海东岸（主要有亚历山大港、大马士革与阿勒颇等城市）或黑海沿岸出发，经过里海进入亚洲，途经巴格达、德黑兰，之后分为几条支线穿过内陆地区，在咸海附近汇集。在中亚的布哈拉，开始分路前往印度的德里与阿格拉。经过布哈拉，到达帕米尔北部的撒马尔罕后，丝绸之路再次出现分支：往北通向阿拉木图，往东穿越中亚，并沿昆仑山脉或天山山脉行进抵达中国城市西安。第二条就是海上丝绸之路，行程从地中海到中国沿海港口甚至抵达太平洋沿岸。按照海洋季风的规律，在每年的4月到6月之间，船只从苏伊士或巴士拉出发，经红海或波斯湾进入阿拉伯海，再顺着从海洋吹向大陆的西南季风驶向印度洋和中国海。大约在6个月后，也就是在

10月到12月之间，吹向海洋的东北季风又会将航船带回其始发地。

正如我们之前所述，遥远的东方世界在很长时间里一直存在于西方人的想象之中，而《马可·波罗游记》的出现却将这种想象凝聚为现实，在这部看似奇异的书籍中，有一个欧洲人曾经亲自到达过欧亚大陆的最东端，到达过中国。东方世界终于不再是虚无缥缈的幻想，而是地球另一端真实存在的辽阔世界。那里地域宽广，城市繁华，皇帝的权力至高无上；那里有石桥流水、亭台楼阁的江南水乡，也有广袤无垠、雄伟苍凉的塞外草原；那里的商人都是能工巧匠，那里的市民都热情而善良。东方人正在他们肉眼所不能及的世界生生不息。马可·波罗的探寻以及他传奇的故事最终成为13世纪以来西方开始重新发现东方的起点和动因，也使得丝绸之路作为中西交流的文化大通道开始在历史上再次兴盛崛起。《马可·波罗游记》激起了无数欧洲人的好奇心，一代代探索者与冒险家开始沿着不同的道路前往东方，寻找马可·波罗口中的东方世界。

在马可·波罗返回欧洲之后的二百年间，欧洲对于东方的认识在不断的探索中逐渐清晰起来。尽管探索者并没有到达马可·波罗笔下辉煌的元大都城，但他们却看到了一个真实的亚洲和中国。16世纪初，自然科学的进步加快了地理大发现的进程。麦哲伦与达伽马的航行最终将欧洲的眼光再次引导至东方的边缘，在随后的百年中，欧洲的海上船队开始渐次抵达亚洲各国，一些传教士也来到了东亚的中国、印度等地；16世纪中期，葡萄牙船员佩雷拉、传教士克路士、意大利传教士利玛窦等人，在不同时间来到中国，并依照他们个人的经历记录下了自己在中国的见闻——他们仅仅是这一时期由欧洲来到中国的众多探险者的典型代表，事实上同时期来到中国的欧洲人已远非马可·波罗的时代可比。东西方的交流已经从最初的想象与试探走向了友好的接触与交流。

佩雷拉

佩雷拉是一名葡萄牙商人，他在16世纪中期跟随贸易船队来到中国，回国后将自己在中国的见闻写成一份报告。但是由于佩雷拉不懂中文，对中国印象的书写比较流于表面，另外由于他自身的商人身份，使他颇为着重观察中国的商业尤其是水产业的情况。佩雷拉的报告引起了一位读者克路士的注意。克路士曾在中国的广东短暂停留过，在看过佩雷拉的报告之后，激发了他书写自己对中国的印象的欲望，之后终于写成《论文》一书。在序言部分，克路士表达了自己想尽可能细致入微地描述中国的想法，的确他在书里详细地讲述了中国人的各种生活细节，并且补充了《马可·波罗游记》所遗漏的饮茶、缠足以及汉语内容。

利玛窦

利玛窦是一名意大利传教士，于明朝万历年间来到中国，并且在中国停留了长达二十几年的时间。利玛窦先后到达澳门、广东肇庆、南昌、南京，一番周折之后于1601年到达北京。抵京后，利玛窦马上就携带着自鸣钟、《万国图志》、西洋琴等十几件贡品觐见万历皇帝。皇帝赏识利玛窦，允许他居住在北京。若论来到中国的欧洲人对中国古典文化感兴趣且潜心学习的，利玛窦是第一人。他在北京广泛结交士大夫，学习中国的典籍。不光如此，利玛窦将现代数学引进中国，翻译了欧几里得的《几何原本》。也许是因为他在东西方文化的交流中起到了一定的推动作用，利玛窦在中国广为人知。

作为一名天主教传教士，利玛窦自始至终都在北京从事着传教活动，并在北京建了一所天主教堂。但他很欣赏中国文化，并将中国文化介绍到西方，同时向中国传播西方的几何学、地理学的知识。得益于他在汉语、中国文化方面的造诣，以及他在中国二十几年的经历，利玛窦对中国的了解相比前面几位来说是深刻而全面的。

　　葡萄牙人自地理大发现时期以来，就是重要的海上先驱。葡萄牙贸易船队在 16 世纪抵达澳门，随后便在当地驻扎下来。到了 17 世纪，来中国的欧洲人就更多了，其中包括商人和传教士，澳门就这样成为东西方文化交汇的地点。他们首先抵达澳门，在这里学习汉语，然后进入中国内地。这些欧洲人穿上了中国人的服饰，说着汉语，遵循着中国人的风俗习惯，在当时的中国成为一种越来越常见的现象。有些欧洲人来中国经商、游历，之后又乘船返回故乡。商船里装满了中国的丝绸、茶叶、香料、瓷器以及各种手工艺品，这些在欧洲备受追捧的中国商品为商人们带来了巨大的利润。在看到或享用来自中国的物品时，欧洲人似乎能够感受到特有的中国风味，"中国热"以及"中国风"在欧洲掀起了一股潮流。有些欧洲人则长期地居留在中国，甚至到了北京，在朝廷做官，与各界人士有了深入的交往。其中被中西方历史所铭记的佼佼者有很多，例如汤若望、南怀仁、戴进贤等人。在这个欧洲人与中国人交流不断深化的过程中，他们将凝聚着中国传统文化的中国典籍如"四书五经"等翻译成欧洲的语言并在欧洲出版发行。欧洲对中国的认识已经深入传统文化层面。由于大量的关于中国的游历报告、中国典籍的译著以及专门性著作在欧洲的出现，使欧洲人对于中国的印象逐渐从感性的想象和幻想过渡到理性的认识和分析。蒙古时代之后，丝绸之路的延伸和畅通使地中海到太平洋之间的欧亚大陆紧密联系在一起，东西方文化的碰撞和交流成为世界历史的发展轨迹。

知识链接　扩展阅读

汤若望

汤若望出生于德国，青年时期在罗马学院学习期间就通过图书馆了解到中国，以利玛窦作为榜样。汤若望于1619年以葡萄牙政府公派的名义来到中国，首先抵达澳门，系统地学习汉语和中国文化。这一时期来到中国的欧洲人对自己的要求更高了，必先经过中国语言文化的训练，甚至以掌握北京官话为标准。汤若望尤其对儒家文化感兴趣，他穿上儒服，研究儒家经典，结交朝野名流。他带来了西方的数理天算书籍，并且带来许多的科学仪器。汤若望在中国长达四十余年，经历了明、清两个朝代。明朝崇祯皇帝命令汤若望制造大炮，他竟然成功制造出 20 尊大炮，并且将制造大炮的原理、步骤、原料、图纸等详细编写成一部书《则克录》，这部书涉及化学、数学、采矿、冶金等各方面的科学知识。他在中国参与编写、翻译了许多科学知识书籍。清朝顺治皇帝欣赏汤若望在天文历法方面的学识，命他修正历法，汤若望采用西方的科学方法修订了历书，被清廷定名为《时宪历》。

由于欧洲的传教士带来了西方的科学知识和技术，在17世纪末，负责演算和整理天文历法的清廷官员基本上都是欧洲的传教士。东西方的交流在这一时期又迈上了一个新的台阶，西方人对于中国已经不仅仅满足于停留在观察和认识阶段，而是更加积极地参与到了中国人的日常生活中，甚至是政治生活中。这一时期，逐渐强大起来的法国不甘落后，太阳王路易十四下令选派学者到中国进行交流。最终，五位法国传教士来到中国，他们在中国居留多年，大多受到了康熙皇帝的赏识，在中国传播法国的科学技术——其中最著名的是一名叫白晋的传教士，他一度奉康熙皇帝之命，以钦差的身份回到法国招募新的学者。他在返回法国后将自己对中国的调查研究写成了一部著名的书稿——《中国皇帝历史画像》，送给了太阳王路易十四，同时还带去了康熙皇帝赠送给法国的中国书籍。种种迹象表明，这一时期中国在东西方的交流中由被动接受开始转向了主动选择。

第六章　旅行者的故事

　　到了18世纪初，大量的中国经典作品被译介到西方，这大大加深了西方对于中国文化的认识。同时，许多曾经来过中国的欧洲传教士、学者、使者等人士对中国的文化、历史、地理、政治、经济、教育和科举制度做了系统全面的观察和研究，他们对中国的物产风俗、园林建筑、伦理道德等方面做了细致入微的描述和探讨，在此基础之上，大量相关书籍在欧洲涌现。彼时中国呈现在西方人面前的形象是一个拥有悠久历史和一套独特的文化体系的文明国度。这种情况对西方世界产生了直接而巨大的影响——从皇室贵族到平民阶层都流行着"中国风"，欧洲人迷恋中国的茶叶、丝绸、瓷器、玉器、家具甚至园林式的建筑。在法国甚至衍生出了一种被称为洛可可式的审美风格。毫无疑问，如果追根溯源，这一切最初的开端就是马可·波罗在数百年前的那次奇妙历险——他的经历无论真伪，事实上都已经成为早期东西方交流的最初起点。

第七章

海洋往事

海上丝绸之路，是一条古老的海上贸易航道。以中国东南沿海为起点，沿海向南，经过南海海域、东南亚海域、印度洋海域，一直连通至非洲东海岸，是古代中国与世界进行文化交往以及贸易往来的重要通道之一。

海上丝路在中国有着悠久的历史。早在先秦时期就已有萌芽，至秦汉时期正式开辟。《汉书·地理志》有一段关于汉使出海访问南洋诸国的记载："自日南障塞、徐闻、合浦船行可五月，有都元国，又船行可四月，有邑卢没国；又船行可二十余日，有谌离国；步行可十余日，有夫甘都卢国。自夫甘都卢国船行可二月余，有黄支国，民俗略与珠崖相类。其州广大，户口多，多异物，自武帝以来皆献见。"可见，中国使节自海路前往南亚诸国进行访问从汉武帝时期就已经开始了，汉代的航线，以广东徐闻、广西合浦为始发港口，贸易船只经过中南半岛和南海诸国，远渡印度洋，在数千年中与印度洋乃至大西洋区域内诸国都曾发生过各种文化经济交流。隋唐五代时期，海上贸易逐渐兴盛，广州成为世界性的大港口，出现了一条被称作"广州通海夷道"（出自《新唐书·地理志》）的海上通道，海上丝路由此逐渐成为中国与外国贸易往来和文化交流的主要海道。宋元时期，经济重心逐渐南移，促进了海上贸易的进一步发展，广州、泉州成为最主要的商贸港口。海上贸易促进了中国的经济发展，港口城市逐渐繁华。海上丝绸之路源远流长，它不仅是一条连通亚洲乃至非洲东岸的海上道路，更承载着中国与东南亚、南亚以及非洲国家之间的政治、经济和文化的交流。因其开放和包容的特质，海上丝绸之路一直延续到今天。

自海上丝路被开辟以来的千年时光中，有无数的商队、旅人和航行者沿着这条水道在无垠的大海之上穿行着。他们带着来自世界各地的商品，前往大洋的彼岸寻找商机与梦想，留下了无数或激昂或悲壮的航海故事，在数千年后依旧能够引起后人的无限遐想与追忆。例如在明朝初年，就曾经发生过一个标志性的航海故事——郑和下西洋。这是海上丝绸之路千年历史上最为精彩的传奇故事，也是古代中国航海者留下的宏伟史诗。

靖难——海上丝路的兴起

细想三皇五帝，一般锦绣江山，风调雨顺万民安，不见许多公案。

后世依他样子，齐家治国何难。流芳百世在人间，万古称扬赞叹。

——杨慎《西江月》

明朝的开国皇帝朱元璋，出身于一个贫苦的农家。《明史》中对于朱元璋的出生有一段非常有趣的记载："母陈氏，方娠，梦神授药一丸，置掌中有光，吞之，寤，口余香气。及产，红光满室。自是夜数有光起，邻里望见，惊以为火，辄奔救，至则无有。"这段故事是说，朱元璋的母亲陈氏，在刚刚怀孕的时候梦见神灵给她一粒药丸，放在掌心里竟然闪着光。陈氏吃了药丸睡着了，等到临产的夜里，室内红光闪现，邻居看见，以为是起火了，急忙赶来救火，却发现根本没有火灾。这是一则具有神秘色彩而又略显荒诞的故事，异象天降隐喻着即将降生的婴儿身上蕴藏着光明的未来。

朱元璋在元末的战乱中崛起。25岁时，他参加了抗元的红巾军。很快便在军中崭露头角，成为红巾军的重要统帅。他知人善任，用兵有方，声名渐渐传播开来，势力日盛。在击败元军后，朱元璋又打败了陈友谅、张士诚、方国珍等割据势力，基本完成统一。公元1368年，朱元璋在南京称帝，建立明朝，年号洪武，他就是明太祖。称帝之后，朱元璋大力推行屯田，兴修水利，促进农业发展，国家欣欣向荣，史称"洪武之治"。

朱元璋一共有26个儿子，在这众多的皇子中，他最中意的就是长子朱标，一心希望朱标能够继承大统，早早便将他立为太子。但朱标于洪武二十五年早亡，时年不到40岁。这令朱元璋非常悲恸。朱标之死使得皇位继承问题开始凸显，而朱元璋并未另立太子，而是改立朱标之子朱允炆为皇太孙——这一行为引起了其他皇子的不满，并最终为日后的变乱埋下了隐患。

知识链接 **扩展阅读**

明太祖诸子及孙

太子朱标　朱标是朱元璋的长子，1355年出生。朱元璋对朱标十分宠爱，寄予厚望。早在朱元璋还是吴王的时候，他就立朱标为世子。朱标性格温厚仁慈，自幼勤勉聪颖，跟随大文豪宋濂学习儒家经典，博古通今。在朱元璋的悉心培养下，无论从哪个方面看，朱标都堪称太子的典范。果然，朱元璋建立大明之后，就立刻封朱标为皇太子，并且让建立功勋的贤良大臣倾力辅佐朱标。此后，朱标辅助明太祖处理朝政，事事竭力躬行，形成了自己的一套治国理念。可是在做了24年的太子之后，朱标患病去世。谥号"懿文太子"。

秦王朱樉　朱樉是朱元璋的次子。明朝建立三年后，时年15岁的朱樉被封为秦王。后来被朱元璋分封到西安就藩。明初设置了一个专门负责管理皇家宗室事务的机构——太宗正院（后来改名为宗人府）。因朱樉在朱姓诸王中是最为年长的一个，朱元璋便任命他为宗人令，管理皇家事务。洪武年间，因在藩国犯了过失，朱元璋将朱樉召回，幸亏太子朱标替他解围，才又返回藩国。1395年，朱樉奉命前往甘肃征讨叛乱，立下军功，受到朱元璋的奖赏。不久后，朱樉在行军时感染瘴疠病故。

晋王朱棡　朱元璋的第三子叫朱棡。洪武年间封晋王，就藩太原。据载，朱棡生得眉清目秀，英俊潇洒，自幼跟随名师学习诗书典籍，是仪表堂堂的英才。但是，朱棡个性骄纵，因此很不得人心。有人举报他意图谋反，朱元璋大怒，意欲将他治罪。最后经太子朱标力保，才救下性命。此后，朱棡收敛了不少，待人接物恭慎了许多。朱元璋曾多次派遣朱棡率兵出塞，委以军任。在诸子之中，以晋王朱棡和燕王朱棣兵权最重。洪武三十一年，朱棡病故，时年41岁。

燕王朱棣　朱棣是朱元璋的第四子。洪武中封燕王，就藩北平（今北京）。朱棣智勇双全，而且野心勃勃。史书上这样评价朱棣："貌奇伟，美髭髯，智勇有大略，能推诚任人。"在朱元璋众多的皇子中，朱棣是军功最高的人。1390年，北元太尉乃儿不花屡次袭扰边境，朱元璋便命令晋王朱棡、燕王朱棣兵分两路北上讨伐乃儿不花。晋王朱棡行军缓慢，而朱棣却率军疾驰，最终成功招降乃儿不花，受到朱元璋的赏识。不久，朱棣又生擒北元大将索林帖木儿，在军中树立了威信。

周王朱橚　朱元璋的第五子朱橚，是朱棣的同母胞弟，洪武中封吴王，后改封周王，就藩开封。朱橚在众皇子中最为特别，兴趣并不在朝政之事上——他擅长诗词歌赋，还酷爱医学，他对中国传统医学有诸多贡献。1389年，朱橚因擅自离开封地，被流放到云南。在云南，朱橚深切体会到民间疾苦，便组织名医编写方便实用的医书《袖珍方》。之后，朱橚回到开封，依然继续着自己对医学和植物学的研究，并且组建了一支颇具规模的团队。十年后，朱橚的次子向建文帝举报他图谋不轨，朱橚被再次流放云南。即便如此，朱橚并未消沉，致力于著书立说，组织编写了《普济方》。最后，朱橚被召回南京软禁，完成了《救荒本草》一书的著作。

宁王朱权　朱权是朱元璋第十七子。出生于洪武十年，洪武二十四年封宁王。靖难之役中，他被朱棣用计绑架，被迫起兵反叛建文帝。靖难之役后，朱权并未被加害，被改封南昌。他此后自感前途无望，遂选择韬光养晦，寄情于道学、文化、艺术等方面。于正统年间逝世，时年已70岁。

皇太孙朱允炆　朱允炆是皇太子朱标的第二个儿子，但朱标的长子朱雄英早夭，朱允炆便成了长子。朱允炆从小聪颖过人，非常孝顺。他饱读诗书，性情与其父亲朱标一样温文尔雅。他14岁的时候，父亲朱标生病，朱允炆日夜守候在病榻旁，不离开半步。两年后，朱标病逝，朱允炆被封为皇太孙。

　　明朝建立的第二年，朱元璋决定实施分封藩王的制度，将他的24个儿子和1个从孙分别分封于全国各地。朱元璋这样做的初衷是想巩固边防，使大明的基业长治久安。但事与愿违，分封的藩王手握兵权，导致了外强中干的局面。各个藩王在封地的权力与威望日渐雄厚，众皇子之间的矛盾日积月累，成为朝纲的一大痼疾。朱元璋也觉察到了这一点，为了能使太子平稳继承大业，他编了一本《昭鉴录》，汇编了汉唐以来藩王应当引以为戒的案例，用来教诲诸藩王安分守己。与此同时，朱元璋颁布《皇明祖训》，制定藩王、臣下应该遵守的规章制度。然而这些措施并未触及矛盾的根源。随着太子朱标的去世，朱允炆被封皇太孙，一定程度上使诸王间的分歧更加激化，最终导致靖难之役的发生。

1398 年，朱元璋去世，朱允炆即位，即建文帝。朱允炆还是皇太孙的时候，已经感受到众藩王拥兵自重，难以管制，即位后，他立即采用了兵部尚书齐泰和太常卿黄子澄的"削藩"计划。这使得诸藩王与朝廷之间隐藏已久的矛盾纠葛立即浮出水面。秦王朱樉、晋王朱棡在洪武年间已经相继去世，彼时诸藩王中势力最强、威胁最大的便是燕王朱棣。

在短短一年里，建文帝接连削掉了五个藩王。朱棣感到自己的燕王位置也面临着威胁，于是他决定起兵反叛——权力的博弈就此升级为一场战争。1399 年，朱棣以"清君侧"为口号，用诛齐泰、黄子澄的名义组建"靖难"军，与建文帝开战。战争持续了四年，京师军最终在燕军面前败下阵来。朱棣进入北京即皇帝位，大明

图 18　朱棣画像

王朝进入了永乐朝的时代。而年轻的建文帝却不知所踪，他的下落从此成为千古谜案。

　　毫无疑问，这场"靖难之役"是发生于明初的一场社会浩劫。是朱氏皇族为争夺权力而挑起的内部战争。在四年的时间中，国家动荡不安，社会发展停滞，生产遭到了严重的破坏——这是历史长河中的一幕悲剧。但从另一个角度而言，随着朱棣的继位，海上丝绸之路的兴盛也拉开了序幕。

下西洋——郑和理顺藩国秩序

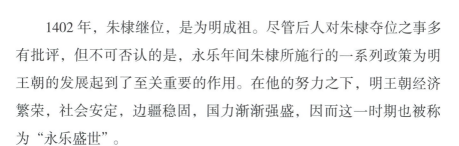

> 皇华使者承天敕，宣布纶音往夷域。
>
> 鲸舟吼浪泛沧溟，远涉洪涛渺无极。
>
> 归到京华觐紫宸，龙墀献纳皆奇珍。
>
> 重瞳一顾天颜喜，爵禄均颁雨露新。
>
> ——马欢《瀛涯胜览·纪行诗》（节选）

　　1402 年，朱棣继位，是为明成祖。尽管后人对朱棣夺位之事多有批评，但不可否认的是，永乐年间朱棣所施行的一系列政策为明王朝的发展起到了至关重要的作用。在他的努力之下，明王朝经济繁荣，社会安定，边疆稳固，国力渐渐强盛，因而这一时期也被称为"永乐盛世"。

　　自宋代以来，航海技术和造船术出现了飞跃性的进展，这大大提高了商船的运载量，并且使船只具备了出海远航的能力。永乐年间，随着航海技术的日渐成熟，加强对海上地区的经营成为一件必行之事。在这样的时代背景下，一场人类航海历史上的盛大绘卷被缓缓展开。

明代的造船技术

明代涌现了很多大型的船厂，主要分布在江苏、福建、湖广、浙江等地。其中比较著名的有南京的龙江船厂、苏州的清江船厂、山东的清河船厂以及福建的台南船厂。这些船厂均为官方开设，组织严密，规模很大，并且进行了科学的分工，设有工部司、提举司、帮工指挥厅等，厂房又细分为细木作房、油漆作房、艌作房、铁作房、蓬作房、索作房、缆作房等，大大提高了造船的质量和产量。另外，明代生产的船只种类繁多，龙江船厂出产的船舶就有十几种：扁浅黄船、坐船、划船、沙船、一颗印巡船、三板船、哨船、蜈蚣船、两头船、轻浅利便船、马船、快船等。郑和下西洋所使用的宝船，大部分产自龙江船厂。

在 1405 年，亦即永乐三年，明成祖朱棣派遣一名叫郑和的太监，授予他"钦差总兵太监"的衔职，命他统领明王朝的精锐舰队，准备开始进行远航。郑和是朱棣的心腹太监，他原姓马，名和，小名三保。他父亲曾经去麦加朝觐，因此被称为"哈只"（朝圣者），其家族在当地也颇负盛名。1381 年，明王朝发起平云南之战，年仅十岁的郑和被明军俘虏，成为一名近侍宦官。后来一次偶然的机会，郑和进入朱棣的燕王府，成为燕王亲信。自少年时期开始，郑和就跟随在朱棣身边，因而朱棣对他的为人和性格了如指掌，视其为可靠心腹。郑和本人精通兵法，且有勇有谋，在靖难之役中，积累了大量的实战经验，并立有功勋，朱棣因此更加赏识他，赐他"郑"姓，提拔他为内官监太监。在朱棣即位之后，更是决定派遣郑和率领船队下西洋——郑和下西洋是永乐年间的一件国家大事。明成祖倾全国之力，仅永乐元年（1403年）一年间，就命令福建、浙江、湖广、江西、苏州等地区制造海船三百多艘。中国古代造船术在明代已经发展到了一个巅峰时期——著名科技史学家李约瑟就曾经说，中国的造船技术曾经远远地走在欧洲的前面。

图19　郑和雕像

　　据《明史·郑和传》记载，明成祖之所以派遣船队进行远航，是由于"成祖疑惠帝亡海外，欲踪迹之，且欲耀兵异域，示中国富强"，意思是说：一方面朱棣怀疑建文帝朱允炆逃到了海外，想要通过远航来寻找他的踪迹；而另一方面，下西洋也是为了向海外诸国宣扬明王朝的国威与财富。无论真实的原因如何，郑和如此大规模的远航活动，在当时而言都是一件具有开创意义的事件，它客观上促进了海上丝绸之路的繁荣，推动了中国与东南亚国家之间的经济文化交流。

　　从明朝建立之初开始，明朝一直施行着严厉的海禁——这是一种防御性的海疆政策，意在禁止各类海外势力（包括倭寇、海盗、海外割据势力）侵扰近海。但从具体的方法而言，这一政策实际上是禁止民间私自进行海外贸易。因此，从长时段的角度观察，这种策略实际上对于经济的发展以及文化交流的阻碍是巨大而深远的。郑和下西洋也正是这种海禁政策的另一种表现，明王朝派遣官方船队进行远航，实际上是在推行以明王朝为主导的海上朝贡贸易。这是明初经营海上区域的重要策略。

1405年7月，郑和率领两万七千多名士兵，动用了巨资专门打造的62艘大船，浩浩荡荡从苏州刘家河出发，开始了第一次远航。此次进行远航的官兵之众，船队之多，不仅在中国航海史上史无前例，在世界航海史上更是绝无仅有——在时间上更是领先了意大利航海家哥伦布87年之久。船队先从长江入海口泛舟南下，不久后到达福建。启程的那一天，船队在福建五虎门港口蓄势待发，激动人心的号角声直冲云霄，郑和一声令下，浩浩荡荡的船队向着海洋驶去，古代中国远航史就此翻开了崭新的篇章。继张骞凿通西域开辟陆上丝绸之路之后，郑和又进一步拓展了海上丝绸之路。

知识链接 扩展阅读

明代的海禁

明朝建立的第四年，朱元璋颁布了海禁令。海禁政策主要针对的是民间贸易，禁止中国人赴海外经商。到了明代中期，海禁政策愈加严苛，甚至"寸板不许下海"，就连不同省份的中国人之间的商船贸易都遭到了禁止。明初推行海禁，是有不得已的原因的。当时明朝刚刚建立，张士诚、方国珍在江苏、浙江沿海地区的势力仍很强大，他们的余众依然占据着沿海的岛屿。为了政权的稳固，防止民众与敌对海外势力勾结，朱元璋最终决定推行海禁。

为了防止沿海人民入海通商，与海禁令相配合，明朝的律法制定了相当严酷的刑罚制度：未经政府批准私自下海进行贸易的人杖责一百；携带兵器、人口等"违禁物"下海，前往外国进行交易，及与海盗勾结，作为向导劫掠良民的主犯处斩，全家发配充军；擅自制造两桅以上的大船卖给外国谋取利益的处斩；对擅自与外国进行贸易的人也严厉惩罚，禁止买卖国外的香料、货物，已有的勒令三个月内销毁。明代的海禁政策一直持续到明代中期隆庆年间才有所放松。

如前所述，海禁主要针对的是民间贸易，但是朝贡贸易依然在进行着。明代在广州、泉州、宁波三个港口设置市舶司，用来接待外国派来的朝贡船，处理相关事务。这些朝贡船队运到中国的物资，是专门用来供给皇家贵族的生活所需，商人与平民是无法触及的。

市舶司

市舶司类似于现在的海关，萌芽于唐朝。在宋、元、明时期都曾于海港设置市舶司管理海上贸易。在明代以前，市舶司的作用主要是监察进出海港的船舶、征收关税、政府采购、管理进出口贸易等其他事宜。市舶司在唐、宋、元时期实际上推动了对外贸易的发展。但是，由于明朝施行海禁政策，市舶司的作用与前代相比发生了很大转变。明太祖设置市舶司的目的其实是"怀柔边远"，允许外国的官方朝贡船舶进行贸易，但是禁止民间商船贸易。因此，在沿海局势较稳定的时期，市舶司制度便得以维持；反之，当沿海局势紧张的时候，明代的市舶司也一度曾被废止。

郑和下西洋所用的船数量共计两百多艘，船舶的制式分为七个等级（详见表1），其中大型宝船有62艘。

表1　郑和下西洋船舶型号

等级	桅数	制式
一号	9	长44丈　宽18丈
二号	8	长37丈　宽15丈
三号	7	长28丈　宽12丈
四号	6	长24丈　宽9丈4尺
五号	5	长18丈　宽6丈8尺
六号	4	长14丈　宽6尺
七号	3	长13丈

郑和首次下西洋的人员组成也很完备，具体见表2。

表2　郑和第一次下西洋人员组成

官职／职务	人数
钦差正使太监	7
副使监丞	10
少监	10
内监	53
都指挥	2
指挥	93
千户	104
百户	103
舍人	2
户部郎中	1

古道西风
Gudao Xifeng
一口气『走』完丝绸之路（青少版）

官职／职务	人数
鸿胪寺序班	2
阴阳官	1
阴阳生	4
医官医士	183
合计	575

除此之外，还有旗校、勇士、力士、军力、余丁、民稍、买办、书手等，加上前表人数共计 27411 人（一说 27800 余人）。之后六次下西洋的随行人员数量都与第一次相仿。

表3　郑和七次下西洋简表

下西洋次序	出发时间	归航时间	随行人数	途经地点
第一次	1405 年	1407 年	27800 余人	占城、爪哇、旧港等国
第二次	1407 年	1409 年	不详	印度、锡兰岛等国
第三次	1409 年	1411 年	27000 余人	苏门答腊、满剌加等 19 国
第四次	1413 年	1415 年	28560 人	柯枝、古里、忽鲁谟斯等国
第五次	1417 年	1419 年	不详	阿丹、木骨都束、卜剌哇等国
第六次	1421 年	1422 年	不详	榜葛剌、忽鲁谟斯等国
第七次	1430 年	1431 年	27550 人	古里、忽鲁谟斯等 17 国

郑和前后七次下西洋，历时二十几年，到达了东南亚、南亚以及非洲。船队规模之大、人数之众多、航程之遥远，就当时而言，在整个世界范围内都可谓是首屈一指的。

远洋航行是一项非常艰巨的任务，非一人之力可以完成，郑和身边还有一个得力的副手——王景弘。王景弘是福建人，洪武年间进宫做了宦官，和郑和一样因在靖难之役中有功受到朱棣的赏识。王景弘具有实干精神，在郑和下西洋时担任副使，一般认为他在第一、二、三、四、七次与郑和一起下西洋。郑和去世后，王景弘担任正使于1434年率领船队出使南洋诸国。

知识链接　扩展阅读

马欢《瀛涯胜览》

马欢生于浙江，是一个翻译官，精通阿拉伯语。马欢曾三次跟随郑和下西洋，他是一个颇有才华的人，也许是因为翻译官的身份，回来之后，他将自己下西洋过程中亲身经历的二十个国家的航线海潮、地理风貌、政治情况、风土人情、语言文字、气候物产、生产工艺、经济货币和野生动植物等状况详细记录下来，最终写出一本《瀛涯胜览》。马欢在这本书里倾注了半生的心血。他从1416年开始写，经过35年修改和整理才最终定稿。后世提起郑和下西洋就无法绕过马欢的《瀛涯胜览》，他以亲历者的视角清楚记录了三次下西洋的历史过程，是一本公认的研究郑和的珍贵史料。

费信《星槎胜览》

无独有偶，与马欢一样，费信也是一个翻译官，精通阿拉伯语，曾四次跟随郑和下西洋。费信幼年家境贫寒，发愤读书，知识渊博，后来替哥哥从军，在郑和第三次下西洋的时候被选送入船队。在下西洋的过程中，他处处留心，将西洋四十几个国家的风土人情、地理历史、政治经济以及社会生活记录下来，著成一本《星槎胜览》。与《瀛涯胜览》一样，这本《星槎胜览》也是研究郑和下西洋的重要史料。费信还写过一本《天心纪行录》，可惜已经散佚了。

巩珍《西洋番国志》

巩珍本是一名士兵，于1433年以秘书的身份随从郑和第七次下西洋。回来后，巩珍写出一本《西洋番国志》，记录了郑和船队所到的二十几个国家的风土人情、地理风貌、气候物产等情况。最为人称道的是，《西洋番国志》还记录了一些航海技术和宝船的情形。与前两本书一样，《西洋番国志》也是研究郑和下西洋的重要史料。

《天妃灵应之记》碑（郑和碑）

《天妃灵应之记》碑又称作郑和碑。对于帆船时代的远洋航行来说，季风和洋流是至关重要的动力。所以季风来临的时候，船队才能起航。1431年，郑和准备第七次下西洋，在福建长乐港泊船等候季风的到来。等候期间，郑和一行重修长乐南山的天妃行宫、三峰塔寺，并且新建三清宝殿，刻下《天妃灵应之记》碑，放置在南山宫殿中。碑文记录了郑和前六次下西洋的经历。由于郑和下西洋的档案遗失，《明史》上的记载相当简短，郑和碑就成为郑和下西洋的珍贵史料。抗日战争爆发后，为免遭破坏，郑和碑被运到南平市保存，后来又回到长乐，如今存于长乐师范附小，是福建省的省级文物保护单位。

在1405年的夏天，季风如约而至，郑和率领船队行驶在烟波浩渺之中。行驶大约十天后，船队到达了旅途中的第一个国家——占城。这座城市位于中南半岛的东南部，在今天的越南北部境内。因其独特地理位置，占城一直是古代中国到东南亚海上航线上停泊的第一站。占城也是郑和每次下西洋的必经之地。自唐朝以来，占城一直就是中国的藩属。朱元璋称帝，明代建立之后，占城就派遣使者来朝。自宋代以来，安南国（位于现在越南的北部）陈氏家族世袭为王，向中国称藩。朱元璋建立明朝之后，安南国王派使者前来朝贡，明太祖朱元璋封他永世为安南国王。洪武末年，安南国相篡权，自立为王，开始奉行侵略政策，多次侵犯邻国，甚至袭扰中国边境。占城也受到了安南的威胁，占城国王多次派使节到明朝请求救援。由于当时安南对东南亚藩属长久以来的朝贡秩序造成了威胁，或许明成祖朱棣派遣郑和下西洋也有维持东南亚朝贡秩序的考虑。

占城受印度文化影响很深，佛教和婆罗门教十分兴盛。国王崇信佛教，在位三十年后都会出家为僧，他头戴花冠，身着白衣，装扮如同中国京剧中的花脸模样。当地计时，以花开为春，叶落为秋。由于气候炎热，占城国民大多赤脚。当地渔业发达，少有农耕者。中国的瓷器、碗盘、丝绢等物品在那里很受欢迎，而占城向中国进贡的物品则包括犀角、象牙、伽蓝香等。

离开占城，郑和船队继续向南行驶，数日后抵达爪哇（今印度尼西亚爪哇岛）。爪哇当地民风彪悍，人人佩刀。郑和抵达爪哇的时候，爪哇的西蕃王和东蕃王之间正在内战，最终西蕃王获胜，但是郑和船队中的一些部众却不慎卷入内战，无辜被杀。西蕃王害怕郑和讨伐，便向明朝遣使谢罪。成祖假意命爪哇以黄金赎罪，爪哇认罪并进贡黄金万两，明成祖最终宽赦了爪哇，而且放弃了赔偿要求。

爪哇国民多有经商者，生活较为富裕。有许多中国沿海居民在此侨居，与各国往来的商人常有贸易往来。爪哇国内，中国历代的铜钱彼时都可以通用，来自中国的商品和物资也很受欢迎。郑和的船队抵达后，先后经过爪哇国的杜板、新村、苏鲁马益等地，来到国王居城满者伯夷，根据《瀛涯胜览》记载，爪哇国王居住的宫殿用砖砌成，有很多道门，宫内很整洁，布置也非常讲究，铺着藤草编成的席子，盘腿坐在席子上。明初，在南洋诸岛的国家中，爪哇的势力最强盛，且一直与明朝保持着朝贡关系。爪哇国王经常派使者乘船装载当地土产向明朝进贡。

离开爪哇之后，郑和船队经旧港国，抵达苏门答剌国（位于现在的苏门答腊岛的八昔河口）。苏门答剌两面环山，用来耕作的土地很少，当地家家都养蚕，但是不会缲丝。这一区域是海上丝绸之路的交通要道，往来商船大都经过这里。当地民风淳朴，彼时正受到来自爪哇的威胁。苏门答剌的酋长就派遣使者前往明朝进行朝贡，郑和到来之后，按照明成祖的旨意怀柔苏门答剌，赐给很多财物，封其酋长为国王，并赐印。苏门答剌国和明朝保持了较长时间的朝贡关系。

郑和船队再次起航，经过孟加拉湾，于 1405 年的冬季到达了古里国（今印度西南部喀拉拉邦的科泽科德一带）。这里是印度洋的海上交通要道。按照明成祖的旨意，郑和代表明廷赐给古里国王银印，并向两位掌管国事的大头目给予封赏，赐给品级冠带。古里国王崇信佛教，国内造有很多佛殿和佛像。古里国贸易氛围很好，国民都很讲诚信。郑和宝船上携带了商品在古里交易，两位头目带领算手、中介人与郑和的部下面对面议价，击掌定价并且书写合约，平等交易。他们算数不用算盘，而是有专门的算手，用手脚指头进行计算——他们竟然算得也没有丝毫差错，令随行的船员非常惊奇。

古里国与中国相距遥远，随行的船员皆为颇具其异域色彩的生活方式所惊叹。古里国盛产胡椒，富人家里都种椰子树，作为产业。居民家里多养孔雀。当地有黄牛，居民喜喝牛奶，吃饭时必有酥油。

各色海鱼琳琅满目，价格都十分便宜。他们用葫芦壳和红铜丝做成乐器，边弹边唱。郑和此次经过古里，就将此地作为补充淡水和食物的基地，并且在这里竖立了一座碑庭，碑文写着"其国去中国十万余里，民物咸若熙皞同风，刻石于兹永示万世"。等到郑和船队返回的时候，国王办好贡品，用五十两上好黄金，命工匠抽成细如头发的金丝扎成一片，再用各色宝石和大珍珠做成一条宝带，派遣头目贡献给明成祖。

1407 年，郑和船队返航中回到旧港。旧港以前又叫三佛齐，东临爪哇，位于现在的苏门答腊岛的南部，在彼时是苏门答腊岛的贸易中心，也是海上丝绸之路上的著名港口。在洪武年间，广东人陈祖义犯了罪，带着家人逃到旧港，做起了海盗。郑和经过此处的时候，有一个叫施进卿的广东人向他举报陈祖义。郑和便生擒了陈祖义，押回明朝审判，并让施进卿做旧港的大头目。这一年的秋天，施进卿派遣女婿前往明朝朝贡。明朝在旧港设置了宣慰使司，命施进卿做宣慰使，并且赐印，赐冠带。

郑和船队结束航行，返回明朝。这次下西洋初见成效，经过此次海上巡行，东南亚沿海地区各国之间的紧张关系得以缓和，藩属国的朝贡秩序也被重新理顺，明王朝的威信在东南亚海域获得彰显。

明成祖对郑和初次下西洋的成果十分满意，在他的授意下，郑和船队回国休息了仅半年时间，就开始了第二次的航行。1407 年的冬季，郑和率领船队再次南下。这次郑和船队到达的第一站还是占城，在当地补给后，即率船队前往暹罗（今泰国）。暹罗国人崇信佛教，僧侣众多。《瀛涯胜览》和《星槎胜览》两书中都记载了暹罗女性当家做主的风俗。从王族到平民家庭，家中大小事宜全是妻子做主，男子听从。暹罗西北面的上水镇与云南接壤。彼时，这个小城镇住着五六百户人家，各国运来的特色商品都集中在这里进行买卖，中国宝船来到暹罗之后也用小船载着货物到此处交易。香料是暹罗的特色土产，种类繁多。当地还出产上好的苏木。暹罗国王每年派遣头目携带苏木、降香等贡品到中国朝贡。

　　郑和船队还来到了南巫里、加异勒、甘巴里、阿拨把丹、小葛兰这几个小国家去招抚，赐给各国国王锦绮纱罗。离开小葛兰之后，郑和来到了柯枝国。柯枝国位于今天印度西南部的柯钦一带，是海上丝绸之路的重要港口。明成祖即位后的第一年就曾派人赐其国王锦绮华盖进行招抚。柯枝国国王也崇信佛教，在国内建造佛殿和佛像。佛像用铜铸成，用青石砌成底座。佛像周围砌成水沟，而且有一眼水井。每天清晨，鸣钟击鼓，取井水从佛像的顶端浇下来，如此反复三次，众人都来拜谒。那里常年气候炎热，五六月份为雨季，七月才能转晴。当地出产胡椒，国民多以种植胡椒为业。郑和离开这里的时候，柯枝国国王也派使者带着贡品跟随船队到中国进贡。

　　随后郑和船队来到锡兰国（今斯里兰卡）。锡兰国是仅次于爪哇的大国。国土辽阔，人口众多，大都很富有。锡兰中有一座寺庙，郑和曾在寺里布施金银、香炉、花瓶、灯烛等物品，并立碑纪念。然而，郑和的船队却在锡兰国遭到了冷遇——原本郑和按照明成祖的旨意对锡兰国国王进行招抚，但是锡兰国国王亚烈苦奈儿却十分傲慢。亚烈苦奈儿性情贪暴，得知郑和船队载了大量金银，便让自己的儿子向郑和索要，没有成功，便对郑和结下怨恨，谋划发兵劫掠郑和的船队。亚烈苦奈儿命人砍伐树木阻断河流，断了郑和回去的道路。郑和发觉，便率船队返回，但是发现回去的道路已被阻断。在此情形之下，郑和便与部下商议，他认为锡兰国的兵力来到此处，王城内的兵力必将大减，如果出其不意，攻进王城，就可先发制人。于是，郑和率领两千士兵，在夜半时分从小道到城下，而后奋勇攻入城内，将亚烈苦奈儿生擒，带回明朝审判。郑和第二次下西洋至

第七章
海洋往事

此亦结束。1409 年，郑和船队返回京城后，明成祖宽赦了亚烈苦奈儿，并且下令将他遣送回锡兰国。明成祖命令礼部选当地贤能之人封为国王。礼部询问锡兰的俘虏，他们一致推举耶巴乃那。明成祖便下诏书命耶巴乃那为国王，命使者带着诏书和印章出使锡兰国。

尽管郑和擒获了锡兰王，但锡兰国一带的海上道路仍未畅通。这一区域是海上丝绸之路的交通要道，如果航道不通，郑和船队是无法抵达锡兰以西的国家的。于是，在郑和船队返回明朝后，得到了明成祖的支持，立即开始了第三次下西洋的活动，再次前往锡兰国，疏通这一海上通道的阻碍。

1409 年，郑和船队第三次的远洋航行开始了。那一年的秋天，船队自太仓刘家港开船，到福建长乐停泊。阴历的十二月，郑和船队于福建五虎门起航，宝船上张开了 12 张帆，顺风航行了十天，和往常一样，首站抵达占城。由于在明朝的帮助之下，占城免受安南的进攻，并且夺回了被安南占据的土地，占城国王因此而对大明满怀感激。郑和一行受到了占城举国上下的热烈欢迎，《星槎胜览》记录了彼时的盛况。占城国王穿戴整齐，率领将士五百余人，击鼓奏乐，出城迎接郑和的到来。郑和颁诏时，占城国王从乘坐的大象上下来，跪着匍匐前行，表达对明朝的感激之情。

从占城出发，郑和船队来到满剌加国（今马来西亚马六甲州）的王城，就位于现在的马六甲市。马六甲海峡地理位置十分优越，占据着东亚出海口的门户，是海上丝绸之路重要的节点和海上中转站。满剌加国没有国王，只有头目，在郑和抵达之前长期隶属于暹罗，每年要向暹罗交四十两黄金的岁币，如果不交就会招来暹罗的讨伐。明成祖继位之后，满剌加的头目曾派遣使者上表，愿意归附明朝。郑和奉明成祖的旨意，赐给满剌加头目银印、冠带和袍服，并在那里立下石碑，封疆建立满剌加国，头目为国王，不再隶属于暹罗。

满剌加国民风淳厚，多以捕鱼为生，设备较落后，使用的是独木船。当地出产上好的树脂——打麻儿香。打麻儿香极易点燃，当地人都用此物照明。木船造好后，在缝隙里涂抹打麻儿香，防水性能极好。

郑和将满剌加国作为一个中转站。船队抵达后，立下像围墙一样的栅栏，开四个门，夜里有人巡逻。里面又有栅栏，围成一个小城，在小城里盖仓库，宝船上所载的物品粮草全部屯放在仓库里。到其他国家去的船舶回到仓库补给，整理好交易来的他国物品，装到宝船里，等候南风返航。满剌加的国王也置办好贡品，携带妻子和头目，跟随郑和的船队到中国进贡。

郑和船队再次抵达锡兰国，依照明成祖的诏令在当地另立锡兰国王耶巴乃那，原国王亚烈苦奈儿亦放归。但当时锡兰国民已经推举不剌葛麻巴思剌查为国王，便诏令其退位。自此，南海各国对明王朝心悦诚服。海上航道由此畅通。

在第三次下西洋的航行中，郑和来到了一个叫九洲山的地方。根据费信《星槎胜览》的记载，九洲山与满剌加国接壤，出产沉香、黄熟香。九洲山上树木繁茂，郁郁葱葱。郑和差官兵到山上采香进献明成祖。他们找到了六株绝好的香，径有八九尺，长有六七丈，"清香味远，黑花细纹"，实属罕见。

至此，郑和三次下西洋，成效卓著，东南亚、南亚的朝贡秩序已然理顺，海上丝绸之路的和平秩序也建立了起来，从南洋诸岛到南印度之间的海上通道完全打通，再无阻碍。这次，郑和船队回京以后，明成祖对所有随行人员大加犒劳，对在锡兰国立下军功的船员，按照功勋等级进行奖赏。休整了两年后，郑和又将进行第四次远航。

新的世界——明朝德威渡重洋

自永乐三年奉使西洋，迨今七次，

大小凡三十余国，涉沧溟十万余里。

——巩珍《西洋番国志》

在使用帆船航海的时代，风对远洋航行来说是至关重要的自然条件。东方的船舶想要到达阿拉伯国家，需要经过两次季风，也就是说一次季风只能到达中间地带，需要等下一次季风到来，才可以安全抵达阿拉伯诸国。因此，建立海上中转站就是十分必要的。

在郑和前三次下西洋的进程中，建立起了两个海上中转站。第一个就是满剌加国。如前文所述，郑和船队在第三次航行中与位于马六甲海峡的满剌加国建立了友好的关系，在中国的帮助下，满剌加国不再隶属于暹罗，获得了独立，而且当地头目也被明成祖立为国王，满剌加国王彼时对明朝充满了感激。郑和在满剌加盖仓库，建立中转站，满剌加国王自然也是支持的。满剌加国成为郑和远洋途中重要的中转驿站。另一个则是古里国。明朝建立之初，曾多次派遣使者访问古里国，明成祖继位后，古里也多次向明朝进贡，双方一直保持着良好的朝贡关系，并且立碑纪念两国之间的友好情谊。在郑和下西洋时，古里也成为船队另一个重要的中转据点。

郑和前三次下西洋所到达的最远的地方就是锡兰岛、古里一带。在第三次航行中，郑和扫清了锡兰国的障碍，南海诸国至印度南部一带的航道已然疏通，明王朝在南海诸国中的威望已经树立起来。与此同时，明成祖又亲自率领大军进行北伐击败了蒙古（鞑靼）可汗。之后，明军又击败了瓦剌，明朝的北部边疆日趋安定。随着局势的稳定和经济的增长，朱棣治下的永乐朝步入了鼎盛时期。当时南亚以西的国家，对于明朝来说，还是一片未知的世界。随着明朝国力的昌盛，郑和再次下西洋前往遥远海域的时机已经成熟——在这样的时代背景下，郑和于1413年再次远洋，向着印度洋深处的广阔海域出发了。当年的冬天，郑和开始了第四次下西洋。这一次，郑和的目标是访问南亚以西的更遥远的国家，他即将带领着船队渡过印度洋，越过波斯湾，穿过红海，前往未知的远方。

与前几次一样，郑和所到的第一站仍然是占城。按照明成祖朱棣的旨意，郑和赐给占城国王冠带。离开占城，郑和船队来到爪哇。这次来到爪哇，郑和负有一份特殊的使命。先前，爪哇占领了原本属于旧港的土地，满剌加国王觊觎这些土地，便对爪哇诈称奉明朝的旨意向爪哇索要这些土地。郑和来到爪哇特地澄清了此事，声明明成祖以诚待人，若真有此事，必将有诏书敕谕，告诉爪哇国王不要听信满剌加国的一面之词，就这样消除了爪哇的疑惧。

之后，郑和船队抵达苏门答剌国，经历了一件惊动全国的大事。苏门答剌国的西边，有一个小国家叫那孤儿国，面积很小，仅一个山村，有一千多户人家。那孤儿国的国民都在脸上刺三尖青花为标记，因此国王被称作"花面王"。根据《瀛涯胜览》的记载，先前那孤儿花面王入侵苏门答剌，苏门答剌国的国王中了那孤儿花面王毒箭死去。国王的儿子年幼，不能为父报仇。国王的妻子便立下誓言：谁能为国王报仇，便嫁给他，并且共同掌管国事。一个渔翁便说自己能为国王报仇，就率领士兵击败那孤儿花面王，为国王报了仇。事后，国王的妻子履行了诺言，嫁给渔翁，并且与他共主国事。后来，国王的儿子长大成人，便率领部众夺回了王位。渔翁本有一个儿子名叫苏干剌，举家逃到山里，另立山寨，伺机为其父报仇。据《星槎胜览》记载，新国王不堪苏干剌的袭扰，派遣使者请明成祖援助。明成祖便派郑和统率官兵剿苏干剌。此次郑和抵达苏门答剌国之后，苏干剌埋怨没有得到明朝的赏赐，率几万部众进攻郑和船队。郑和率官兵与苏干剌交战。苏干剌战败，逃到南渤利国，郑和继续追捕，最终生擒苏干剌。

自苏门答剌国开船，向西南方向行驶十天左右就可到达溜山国（今马尔代夫群岛）。这是一个小国，没有城郭，民众大都以打鱼为生，不认识谷物。郑和船队中有一两只宝船曾经在溜山收购龙涎香、椰子等物品。

郑和船队来到柯枝、古里、南渤利诸国照例进行抚慰。南渤利是一个小国，仅有一千多户人家，民风非常朴实。王宫用几丈高的木头造成楼，楼上很整洁，坐卧都在其上，楼下则没有任何装饰，放任牛羊牲畜住在下面。南渤利出产上好的降香，美其名曰"莲花降"。国境的西北面有一座大山名叫帽山，帽山的西面正是大西洋。帽山因其极易辨认的地理位置成为航标，郑和下西洋的船队也以帽山为收帆的标记。帽山近海的浅水区里出产珊瑚，高达两三尺，根色如墨汁一样黑，如玉石一样温润，上端枝丫盘错婆娑，甚是可爱。

彭亨位于现在的西马来西亚境内，彼时彭亨国王曾于1411年派遣使节到中国朝贡，郑和第四次下西洋也来到彭亨进行抚慰。急兰丹、加异勒、阿鲁几个国家的国王纷纷于1411年派使者朝贡，郑和也都到这些国家进行访问。

之后，郑和向更遥远的未知世界驶去。郑和船队穿越阿拉伯海，向西北航行至波斯湾出口处，便到了忽鲁谟斯。忽鲁谟斯依山傍海，位于波斯湾的要冲地带，地理位置十分优越。来自各国的商船都来这里进行贸易，所以当地居民都很富足。根据《瀛涯胜览》的记载，忽鲁谟斯国民十分慷慨，如果有谁遭遇了不幸陷入窘境，别人都会馈赠给他衣服、食物乃至金钱帮助他渡过难关。国民都衣着讲究，仪表堂堂。当地人喜爱酥油，所做的食物都要用酥油。集市上贩卖烧羊、烧鸡、烧肉，薄饼等面食的有很多。两三口之家大都不生火做饭，在街上买些熟食就可以了。大街上有卖各色商品的商店，唯独没有酒馆——这是因为忽鲁谟斯禁止国民饮酒。

阿丹国位于阿拉伯半岛的红海出口处，为海上交通要道。郑和船队来到阿丹，是明朝与阿丹国首次取得联系。阿丹国气候温热，常年如夏天一样。此地的匠人技艺高超，打造的金银首饰天下一绝。国民大都富有，住房是用石头砌成的，其上用土或砖造成。阿丹国出产紫檀木、蔷薇露，尤其是长颈鹿让中国船员非常惊奇，称其为"麒麟"。

在第四次下西洋中，郑和开辟了新的航线，穿过阿拉伯海，经过阿拉伯半岛，穿越红海，抵达非洲东海岸。郑和船队到达了位于索马里一带的木骨都束国，抵达了遥远的非洲。从木骨都束在往西南海域行驶，就到了不剌哇国和麻林国。在完成对非洲东海岸的探索后，郑和船队开始返回。1415 年 7 月，郑和回京复命。不剌哇国、麻林国等国家也在当年向明朝进贡。正是因为郑和船队开通了航道，非洲大陆与明王朝的交流才得以发生。麻林于 1415 年派遣使节向明朝进贡麒麟（长颈鹿）。这在当时是轰动京城的大事。长颈鹿在非洲是很常见的动物，在中国却实属罕见。再加上中国自古就认为麒麟是祥瑞之兽，麻林使者带着长颈鹿来的时候，明成祖让文武群臣都来观赏，群臣都认为这是祥瑞，称赞明成祖圣德远播。

1417 年的秋天，郑和在福建长乐等候季风的到来，第五次的远洋航行即将开始。这次的航行过程大致与第四次相同，也是首站抵达占城，再到爪哇、旧港、满剌加、彭亨，抵达苏门答剌、南巫里，接着向西航行到锡兰，由锡兰到柯枝、古里。再从古里向西北方向穿越阿拉伯海到忽鲁谟斯，南下至阿丹，穿过曼德海峡抵达非洲东海岸的木骨都束、卜剌哇、麻林。从麻林返航，横渡印度洋，经溜山、锡兰回到中国。

1412 年，柯枝国国王派遣使者到中国朝贡，并请求明成祖封柯枝国的一座大山。郑和第五次下西洋抵达柯枝，按照明成祖的谕旨，封柯枝国的大山为镇国山，赐给国王印，并且立碑为记，明成祖亲自写下碑文。

这一时期郑和下西洋成效卓见。东南亚、南亚甚至远在非洲的国家都与明王朝建立了良好的关系。很多远在万里的国家，就是因为郑和的到访而愿意派使者到明朝回访。也有一些国王甚至亲自携妻子来到明朝，表示愿意成为藩属。每年都有很多来自各地的国家向明成祖供奉珍贵的献礼。明朝的威望远远地传到了几万里之远的海外，这使明成祖的政治抱负获得了极大的满足。在这篇写给柯枝的碑文里，明成祖陈述了自己的政治理想："朕君临天下，抚制华夷，一视同仁，无间彼此，推古圣帝明王之道，以合乎天地之心，远邦异域，咸使各得其所，闻风向化者，争恐后也。"

郑和第五次下西洋归来的时候，很多国家都随宝船进献了珍禽异兽。忽鲁谟斯国向明朝进献狮子、金钱豹、西马；阿丹国进献麒麟；木骨都束国进花福鹿；卜剌哇国进千里骆驼、驼鸡……这些珍禽异兽在东方大陆闻所未闻，朝廷也十分重视，让群臣来观赏，大臣们争先恐后地作诗来称颂明朝的德威。

1421 年，忽鲁谟斯、阿丹、祖法儿、剌撒、不剌哇、木骨都束、古里、柯枝、加异勒、锡兰山、溜山、南渤利、苏门答剌、阿鲁、满剌加、甘巴里十六国派遣使节进行朝贡。当年，郑和率领船队开始了第六次下西洋。随船护送海上诸国使者回国。郑和船队首先到达古里国。在进行补给后，从古里出发，向西北方向行驶十天，抵达祖法儿。祖法儿依山傍海，在彼时并没有城郭。祖法儿的国王出入乘轿或骑马，前后都有象驼、马队等簇拥。祖法儿国盛产树脂，郑和船队抵达的时候，国王差遣头目让国民拿着树脂、芦荟、安息香等土产交换丝绸和瓷器。

之后，船队再次前往阿丹国。阿丹国曾经四次向明朝朝贡，对来访的明朝使者非常敬重。郑和船队抵达阿丹国的那一天，国王率领部众将领恭恭敬敬地迎接郑和的到来。此次下西洋的过程中，宝船与各个国家进行了贸易。在郑和的部下中，一位姓周的官员就在阿丹国采买了当地的猫眼石、珊瑚树、麒麟、狮子、金钱豹、驼鸡、白鸠等物产。宝船离开的时候，阿丹国国王为表示对明成祖的感恩，特地打造了两条宝带、一顶珍珠宝石金冠，以及金叶表文献给明朝。

在这次旅程中，船队除了到访上述提到的有使节随船回国的十六国以外，还到了榜葛剌国（今孟加拉）。马欢在《瀛涯胜览》中记录了榜葛剌国的状况：此国地广人多，物产丰富，很多国民经水路前往周边国家经商。榜葛剌国常年气候炎热，各色谷物、蔬菜瓜果都有出产。街市上的店铺繁多，酒肆、饭馆、熟食店一应俱全，杯盘器皿等也有售卖，很是热闹。居民也会养蚕缫丝，但是并不会做成锦缎。在 15 世纪，榜葛剌国已有白纸，使用树皮做成，质地光滑细嫩，十分适合书写。最令人感兴趣的是当地的马戏，在榜葛剌国的大街小巷中，随处可见街头艺人在街边表演，他们向观众表演杂耍，或到富人家中吹奏乐器，甚至有一对夫妇用锁链牵着一头老虎走街串巷进行驯兽表演。

郑和此次下西洋与往常不同的是，除了郑和以外，各位副使率领部分船队在苏门答剌国分道行驶，各自前往不同的国家。例如副使杨敏，他所率领的船队在分航后没有和郑和一起返航，而是直到1425年才回国。由于档案的缺失，这次出使到底分为几路，各路的具体路线以及其中细节已经无从可查，成为一大遗憾。但是，分道航行也从侧面反映了郑和开辟的海上航线已经成熟，海上丝绸之路已然畅通无阻。

大海之歌——万方玉帛风云会

朕有一言，尔当思对之。曰：万方玉帛风云会

皇太孙即叩头对曰：一统山河日月明

——《明太宗实录》

      永乐年间的一个端午节，明成祖朱棣到东苑观看击球、射柳，同时让文武群臣、四方来朝的使节以及京城中有名的士绅们一起前来观看。朱棣命令礼部将击球官分为两队，从皇太孙以下，诸王，大臣依次击球、射柳。皇太孙朱瞻基接连击中，朱棣大喜。比赛结束后朱瞻基上前领奖，朱棣说，今天四方群贤毕至，朕有一句诗，你仔细想想如何对。他便即兴出了一对："万方玉帛风云会。"朱瞻基稍作思忖，便说出了下联："一统山河日月明。"令朱棣十分满意。这副对联完全地表达了朱棣天下大同的政治理想。的确，通过郑和多次下西洋，西洋诸国与中国建立起了一个庞大的朝贡体系，朱棣的政治理想终于成为现实。

      1424 年，明成祖朱棣驾崩，长子朱高炽继位，是为明仁宗。仁宗秉持着简朴、仁爱的儒家理想。他一方面停止了对外用兵，另一方面又注重国家经济发展。他重视民生，继位后减轻了人民的赋税，令百姓能够安居乐业，国家愈发稳定。但是，他对下西洋态度与成

祖并不一样——尽管郑和船队的巡行使得明朝的德威远播重洋，但朝廷对所到的每一个国家都有大量的赏赐，而且六次下西洋耗费了大量的人力物力，致使国家付出了巨大的经济代价。有鉴于此，仁宗在继位后便下令停止下西洋。这场浩荡的海上巡行活动暂告一段落。

仁宗在位仅十个月就病逝了，《明史》称赞他是一个贤明的君主："在位一载。用人行政，善不胜书。使天假之年，涵濡休养，德化之盛，岂不与文、景比隆哉。"1425年，明仁宗的长子朱瞻基继位，是为明宣宗。明宣宗的性情与其父亲相似，仁政爱民，在位期间人民安居乐业，经济文化都得到了发展，与其父亲仁宗的统治常被后人合称"仁宣之治"。

在这一时期，随着下西洋活动的停滞，南海地区海岛诸国与明朝的关系逐渐冷却。随着明朝对南海区域的控制放松，西洋朝贡体系也开始松散、瓦解。为改变这一局面，宣德年间，郑和开始了第七次下西洋的航行。

1430年，郑和再次率队起航。这时距离上一次出发已经有九年之久了。曾经随着郑和远赴大洋彼岸的士兵多已老去，往日意气风发的水手如今也已成了年迈的老者——这一年的郑和，也已经有六十岁了，或许此时的他并不曾想过，这将成为他人生中最后一次远航。

这一次，郑和所到的地方除了以往曾经去过的十几个国家以外，还到了天方国。天方位于现在的阿拉伯半岛红海沿岸的麦加一带。据《瀛涯胜览》记载，郑和船队分出一支船队前往古里，一位洪姓太监发现古里派遣人到天方，便带领七名船员携带货物与古里的使船一起前往。这次航程往返共历时一年。在到达天方后，他们在当地进行了贸易，带回了许多奇珍异宝，以及麒麟、狮子、驼鸡等瑞兽，天方国的国王也愿意朝贡，派人带着方物随宝船一起来到明朝。

古道西风 Gudao Xifeng

一口气『走』完丝绸之路（青少版）

此次下西洋，明朝对西洋诸国都进行了抚慰，赐予彩币。这在一定程度上恢复了西洋诸国的朝贡秩序。在完成巡航之后，郑和率船队返回，从此再未出海。一段史诗般的旅程自此画上句点。郑和前后共七次下西洋，人生里的一半时间都是在远洋航行的帆船上度过。他开辟了贯通太平洋西部与印度洋的新航线，拓展了海上丝绸之路，使明朝的威望远播重洋，在中国古代的航海史上，郑和创造了奇迹。

郑和去世的时间在史书上并无明确的记载。根据学界的推论，一说他在第七次下西洋返回的途中病故，由王景弘接替郑和率领船队返回中国。一说他其实是在第七次下西洋返回之后于1435年去世。斯人已逝，但郑和在各地留下的印记却留存至今。郑和下西洋不失为一次中国航海史上的壮举，他航行的行程之远，次数之多，所达国家之众，可以说是空前绝后的。郑和下西洋的故事在民间广为流传，以此为题材的戏曲、评话、小说等作品接连问世，至今仍然有着旺盛的生命力。而在郑和曾经到达过的亚非国家，尤其是东南亚一带的国家，至今仍然保留着纪念郑和的遗迹，也有很多纪念郑和的活动成为当地的一个风俗，比如在现在的爪哇，还有三宝垄、三宝井、三宝洞、三宝庙等，在马来西亚有三宝山、三宝井、三宝城等。传说每年的阴历六月三十是郑和登陆的日子，到了这个时候，当地人要去三宝庙敬香，纪念郑和。种种迹象表明，郑和不惧危险向未知的海洋世界进行探索、维护国际和平秩序的航海精神依然流传至今。

继郑和之后，王景弘于1434年又奉明宣宗之命率领船队出使南洋诸国。这也是明朝最后一次大规模的航海活动。轰轰烈烈的下西洋就此落幕，中国又进入了严苛的海禁时代。明嘉靖年间，中国东南沿海倭寇案件频发，为了维持稳定，明朝实施了非常严厉的海禁政策，封锁沿海港口，销毁出海船舶，海上交通几乎断绝。

直到隆庆年间，明朝才放松了海禁，海上丝绸之路得到恢复。随着海上贸易的兴盛，当时中国的丝绸、瓷器、茶叶、铁器等商品在世界各地都十分受欢迎。通过海上丝绸之路进行的对外贸易为明朝带来了大量的白银收入。

郑和下西洋虽然已经过去了六百余年，但是郑和在海上丝绸之路留下的印记不会消失。自郑和扬帆起航的那一瞬间起，下西洋的目的就不再是所谓的寻找建文帝的踪迹，也不再只是为了宣扬明朝的德威，郑和下西洋本身对于中国的意义已经远远超越了预设的目标，他在那一刻为中国打开了一扇窗，将海洋的辽阔与世界的广博尽收眼底。在那个遥远的大航海时代，郑和让中国真切地看到了世界，也让历史永远记住了中国航海家纵横四海的英姿。

古道西风 Gudao Xifeng
一口气「走」完丝绸之路（青少版）

图书在版编目（ＣＩＰ）数据

　古道西风：一口气"走"完丝绸之路：青少版 /
孙骁，王丹著. -- 北京：团结出版社，2019.3
　　ISBN 978-7-5126-6621-4

　Ⅰ．①古… Ⅱ．①孙… ②王… Ⅲ．①丝绸之路—青
少年读物 Ⅳ．①K928.6

　中国版本图书馆 CIP 数据核字 (2018) 第 215064 号

出　版：团结出版社
　　　　（北京市东城区东皇城根南街 84 号　邮编：100006）
电　话：（010）65228880　65244790　（出版社）
　　　　（010）65238766　85113874　65133603（发行部）
　　　　（010）65133603（邮购）
网　址：http://www.tjpress.com
E-mail：zb65244790@vip.163.com
　　　　fx65133603@163.com（发行部邮购）
经　销：全国新华书店
印　装：天津盛辉印刷有限公司

开　本：160mm×230mm　　　16 开
印　张：14.5
字　数：178 千字
印　数：4045
版　次：2019 年 3 月　第 1 版
印　次：2019 年 3 月　第 1 次印刷

书　号：978-7-5126-6621-4
定　价：49.80 元